direito constitucional: conceitos, fundamentos e princípios básicos

O selo DIALÓGICA da Editora InterSaberes faz referência às publicações que privilegiam uma linguagem na qual o autor dialoga com o leitor por meio de recursos textuais e visuais, o que torna o conteúdo muito mais dinâmico. São livros que criam um ambiente de interação com o leitor – seu universo cultural, social e de elaboração de conhecimentos –, possibilitando um real processo de interlocução para que a comunicação se efetive.

direito constitucional:
conceitos, fundamentos e princípios básicos

Érico Hack

EDITORA intersaberes

Rua Clara Vendramin, 58
Mossunguê . CEP 81200-170
Curitiba . PR . Brasil
Fone: (41) 2106-4170
www.intersaberes.com
editora@editoraintersaberes.com.br

- Conselho editorial
  Dr. Ivo José Both (presidente)
  Dr.ª Elena Godoy
  Dr. Nelson Luís Dias
  Dr. Neri dos Santos
  Dr. Ulf Gregor Baranow
- Editora-chefe
  Lindsay Azambuja
- Supervisora editorial
  Ariadne Nunes Wenger
- Analista editorial
  Ariel Martins

- Preparação de originais
  Monique Gonçalves
- Capa
  Denis Kaio Tanaami (*design*)
  Comstock (fotografia)
- Projeto gráfico
  Raphael Bernadelli
- Diagramação
  Mayra Yoshizawa
- Iconografia
  Danielle Scholtz

Dados Internacionais de Catalogação na Publicação (CIP)
(Câmara Brasileira do Livro, SP, Brasil)

Hack, Érico
  Direito constitucional: conceitos, fundamentos
e princípios básicos/Érico Hack. Curitiba:
InterSaberes, 2012.

  ISBN 978-85-65704-67-0

  1. Direito constitucional I. Título.

12-06399   CDU-342

  Índice para catálogo sistemático:
  1. Direito constitucional   342

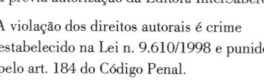

EDITORA AFILIADA

1ª edição, 2012

Foi feito o depósito legal.
Informamos que é de inteira responsabilidade
do autor a emissão de conceitos.

Nenhuma parte desta publicação poderá ser
reproduzida por qualquer meio ou forma sem
a prévia autorização da Editora InterSaberes.

A violação dos direitos autorais é crime
estabelecido na Lei n. 9.610/1998 e punido
pelo art. 184 do Código Penal.

Apresentação 7

Introdução 11

Como aproveitar ao máximo este livro 13

direito constitucional – parte geral - 15

constituição da república federativa do brasil de 1988 - 43

I Histórico da Constituição no Brasil - 47

II Princípios fundamentais - 55

III Direitos e garantias fundamentais - 77

IV Organização do Estado - 109

V Organização dos poderes - 133

VI Outros assuntos tratados na Constituição - 179

Para concluir... 205

Referências 207

Respostas 209

Sobre o autor 215

sumário

Com esta obra temos o objetivo de ensinar direito constitucional ao público sem conhecimento jurídico prévio. É destinada a alunos de cursos não jurídicos que precisam conhecer fundamentos do direito constitucional e da Constituição Federal vigente.

O enfoque inicial é o estudo da parte geral do direito constitucional, ou seja, a teoria, as classificações e os fundamentos, sem necessariamente estarem vinculados ao estudo de uma Constituição específica. Dessa forma, exporemos o direito constitucional que se aplica à análise de qualquer texto constitucional, seja brasileiro, seja estrangeiro, do presente ou do passado.

Tal estudo é necessário como forma de entender exatamente o que é a Constituição, qual é sua função e como ela funciona. Analisaremos as formas que esse documento pode ter, as suas possíveis classificações, assim como a natureza e os tipos de normas que podem nele estar contidos.

Tudo isso acaba por demonstrar não só o que é a Constituição, mas também como funciona o sistema jurídico. Partindo da premissa de que o ordenamento jurídico vigente obtém sua validade e vigência da Constituição, logo concluímos a importância do estudo

apresentação

da referida disciplina para a correta compreensão do que é o direito e de qual é o fundamento das normas que regem a sociedade.

Uma vez compreendido o genérico, aplicável a qualquer situação que o leitor possa encontrar no que se refere à Constituição, partiremos para o estudo daquilo que é específico da Constituição da República Federativa do Brasil*, promulgada em 1988 e atualmente vigente.

* Doravante, também chamada de *Constituição Federal* (CF), *texto constitucional* ou ainda por outros sinônimos de uso corrente.

O estudo da Constituição Federal será feito com base na parte geral do direito constitucional, expondo a classificação e as particularidades do texto brasileiro.

A presente obra focará principalmente aquilo que comumente se conhece como *m a t é r i a s   m a t e r i a l m e n t e   c o n s t i t u c i o n a i s*. Estas são entendidas como aquelas matérias próprias de uma Constituição.

Entendemos por matérias próprias de uma Constituição os assuntos fundamentais acerca da organização do Estado, do processo legislativo, da organização dos três poderes, das competências legislativas, da hierarquia das normas, do controle de constitucionalidade e dos direitos e garantias fundamentais.

Tal corte é necessário porque a tarefa de tratar de toda a Constituição é árdua e exigiria muito mais papel do que aqui pretendemos ocupar. Nossa Constituição aborda diversos assuntos ditos formalmente constitucionais, ou seja, que foram colocados no texto por escolha do constituinte, mas que, se lá não estivessem, poderiam perfeitamente ser tratados em uma norma de hierarquia inferior. São assuntos a que o constituinte pretendeu dar proteção especial derivada da rigidez da norma constitucional, mas que não fazem parte do núcleo indispensável de uma Constituição. Esses assuntos formalmente constitucionais são numerosos e variados, entre os quais podemos citar, por exemplo, proteção a índios, idosos, crianças e adolescentes; cultura; consumidor; saúde; e transportes.

A Constituição poderia ter genericamente determinado a proteção a esses valores, mas, em diversos casos, acabou por dar regras específicas que terminam por criar um sistema dentro do sistema. Dessa forma, tratar desses assuntos significa tratar de quase todos os ramos do direito hoje existentes, dada a abrangência do texto constitucional.

Temos de observar ainda que a Constituição atual é formada de um texto extenso, com 250 artigos, acrescido ainda do Ato das Disposições Constitucionais Transitórias, com 96 artigos. Além disso, devemos acrescentar que, quando esse texto foi elaborado, no primeiro semestre de 2011, a Constituição já havia sido alterada 72 vezes, com 66 emendas constitucionais e 6 emendas constitucionais de revisão*.

Desse modo, entendemos que o necessário para a compreensão da matéria restringe-se à teoria geral do direito constitucional e ao estudo dos assuntos constantes como materialmente constitucionais. Os assuntos formalmente constitucionais são mencionados, mas sem aprofundamento, bastando ao leitor a leitura do texto constitucional para que obtenha uma boa compreensão do tratamento dado a eles pela Constituição.

O presente trabalho, portanto, pretende entregar ao leitor uma noção completa de direito constitucional e do sistema constitucional brasileiro, permitindo a compreensão dos principais elementos do Estado e de sua organização.

Nesse intento, trabalharemos com obras de autores consagrados, que darão o suporte para tratar dos assuntos do direito constitucional. Esses autores também servem de indicação para os leitores que pretendam aprofundar-se nos estudos dos temas aqui tratados. Devemos advertir o leitor, ainda, de que neste trabalho serão expostos apenas os posicionamentos pacíficos na doutrina e na jurisprudência, deixando-se de lado polêmicas e discussões

---

* A versão mais atualizada da Constituição, com o texto já consolidado de acordo com as emendas constitucionais, pode ser acessado no *site* da Presidência da República: <http://www.planalto.gov.br/ccivil_03/Constituicao/Constituiçao.htm>.

acadêmicas mais aprofundadas dos assuntos tratados. Essa forma de abordagem se deve ao público-alvo, conforme já mencionado anteriormente.

Os estudantes de direito, quando têm sua primeira aula de Direito Constitucional, não raro escutam de seus professores que a disciplina que começam a aprender é a mais importante de todo o curso.

Tal afirmação está muito próxima de ser verdade. Dentro do direito constitucional temos o estudo das regras mais fundamentais do Estado e do sistema jurídico, de maneira que qualquer estudo, seja de que área do direito for, inicia-se pela análise da Constituição.

A Constituição, além de ser a norma máxima de um sistema jurídico, é também o documento fundamental do Estado, apontando as políticas a serem seguidas e os valores por ele defendidos.

Sendo assim, entendemos que a compreensão da Constituição e do direito constitucional é de vital importância para todo cidadão brasileiro que pretenda conhecer seus direitos, seus deveres e o funcionamento do Estado. A Constituição dá os elementos fundamentais da ordem jurídica que permitem compreender sobre quais bases se

> *A Constituição, além de ser a norma máxima de um sistema jurídico, é também o documento fundamental do Estado, apontando as políticas a serem seguidas e os valores por ele defendidos.*

funda a República Federativa do Brasil e quais os valores que ela visa promover e preservar.

No passado, era mais importante o estudo do direito civil que o do direito constitucional. Isso acontecia, basicamente, porque, no regime ditatorial sob o qual vivia o Brasil, a Constituição era letra morta, pois podia ser desrespeitada a qualquer momento sem maiores consequências. Assim, o direito civil estudava as relações de família, contratos, obrigações etc. no âmbito privado e tinha maior importância para a vida cotidiana, uma vez que a conjuntura política não permitia uma aplicação mais efetiva do texto constitucional então vigente.

Com a Constituição Federal de 1988, isso começou a mudar. Primeiramente porque o texto constitucional adquiriu a importância que merece, sendo reconhecido como norma suprema do sistema jurídico. Ele passou a regular um maior número de situações que anteriormente eram deixadas para normas de hierarquia inferior. Por exemplo, as relações de família, crianças, adolescentes e idosos eram tratadas apenas pelo direito civil. Com a Constituição de 1988, esses temas passaram a ter proteção e regulamentação constitucional, diminuindo a importância do direito civil.

Assim, o direito constitucional vem ganhando importância não só porque hoje vivemos em um Estado democrático em que se respeita a Constituição, mas também porque esta ganhou maior abrangência, passando a versar sobre diversos assuntos que antes não eram por ela tratados.

Precisamos compreender o direito constitucional para ser possível entender o seu significado em toda a sua plenitude. Este estudo revelará a importância do conhecimento desse ramo do direito para qualquer cidadão que pretenda conhecer melhor o funcionamento do país.

Este livro traz alguns recursos que visam enriquecer o seu aprendizado, facilitar a compreensão dos conteúdos e tornar a leitura mais dinâmica. São ferramentas projetadas de acordo com a natureza dos temas que vamos examinar. Veja a seguir como esses recursos se encontram distribuídos no projeto gráfico da obra.

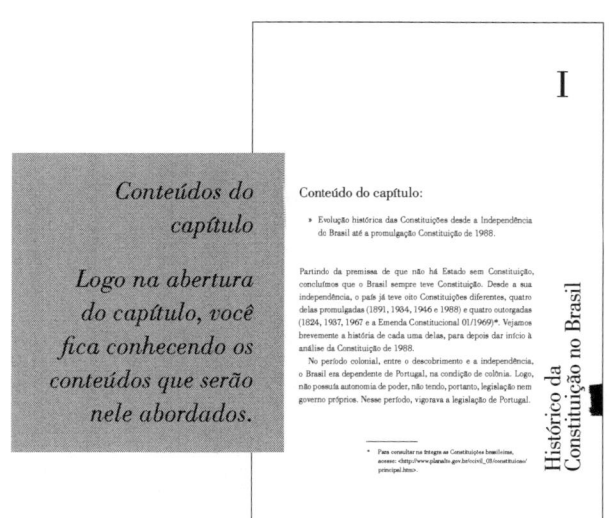

Conteúdos do capítulo

Logo na abertura do capítulo, você fica conhecendo os conteúdos que serão nele abordados.

Exemplos

Aqui você pode verificar exemplos aplicados ao dia a dia dos cidadãos, nos mais diversos contextos.

como aproveitar ao máximo este livro

Síntese

Você dispõe, ao final do capítulo, de uma síntese que traz os principais conceitos nele abordados.

Consultando a legislação

Você pode verificar aqui a relação das leis consultadas pelo autor para examinar os assuntos enfocados no livro.

o caráter nacional, a prestação de contas à Justiça eleitoral, a proibição de recebimento de recursos estrangeiros etc. A Constituição ainda determina o fornecimento de tempo gratuito de rádio e TV aos partidos e veda a utilização de organização paramilitar.

Síntese

Neste capítulo, vimos os direitos e as garantias conferidos ao cidadão perante o Estado e os limites a este impostos na sua atuação. Ao Estado são dados poderes especiais para realizar suas atividades, porém é necessário observar que tais poderes devem ser exercidos com respeito aos direitos do cidadão.

O Estado não existe com um fim em si mesmo; trata-se de um ente que tem a função de melhorar a vida da sociedade e das pessoas. O Estado só existe porque as pessoas que o compõem decidiram viver em sociedade. Dessa forma, sua atuação deve sempre respeitá-las, considerando que tem a destinação de melhorar as condições de vida dessas pessoas.

Consultando a legislação

Título II
Dos Direitos e Garantias Fundamentais

Capítulo I
Dos Direitos e Deveres Individuais e Coletivos
Art. 5º Todos são iguais perante a lei, sem distinção de qualquer natureza, garantindo-se aos brasileiros e aos estrangeiros residentes no país a

---

4) Sobre a Constituição Federal de 1988, é correto afirmar:
a) O texto buscou manter diversas práticas da época da ditadura militar.
b) É um texto curto, de poucos artigos, que não prevê muitos direitos e garantias fundamentais do cidadão.
c) Foi elaborado por uma assembleia especialmente eleita para esse fim.
d) Foi alterada diversas vezes após sua entrada em vigência.

Questão para reflexão

1) Como visto neste capítulo, o Brasil já teve diversas Constituições diferentes, sendo algumas democráticas e outras outorgadas. Reflita sobre a utilidade e a conveniência de haver tantas mudanças de Constituição. Seria isso saudável, já que a sociedade altera-se e, por isso, o texto constitucional também precisa ser alterado? Ou seria isso prejudicial, não se permitindo a estabilidade das instituições e o seu desenvolvimento em virtude das sucessivas alterações?

tradicionalmente ocupam, competindo à União demarcá-las, proteger e fazer respeitar todos os seus bens.

§ 1º São terras tradicionalmente ocupadas pelos índios as por eles habitadas em caráter permanente, as utilizadas para suas atividades produtivas, as imprescindíveis à preservação dos recursos ambientais necessários a seu bem-estar e as necessárias a sua reprodução física e cultural, segundo seus usos, costumes e tradições.

§ 2º As terras tradicionalmente ocupadas pelos índios destinam-se a sua posse permanente, cabendo-lhes o usufruto exclusivo das riquezas do solo, dos rios e dos lagos nelas existentes.

Questões para revisão

1) O que é a repartição das competências tributárias?

2) O que é a seguridade social?

3) O que são o Estado de Defesa e o Estado de sítio? Assinale a alternativa correta.
a) São períodos em que não é possível fazer novas licitações, já que são pré-eleitorais.
b) São estados que ocorrem sempre que o país estiver em guerra declarada com outro Estado.
c) São estados de exceção, quando se reduzem garantias e direitos constitucionais, a fim de se restaurar a ordem.
d) São estados determinados pela polícia, quando é necessário restaurar a ordem pública.

4) Sobre tributação e orçamento, assinale a alternativa correta:
a) A maior parte da receita pública no Brasil é obtida via tributo, instituindo-se impostos e outras modalidades tributárias.
b) De acordo com a Constituição, o tributo deve ser cobrado exatamente no mesmo valor para todas as pessoas.
c) Os valores para manutenção do Estado são arrecadados apenas pela União, que depois repassa parte aos estados e municípios.

Questões para reflexão

Nessa seção, a proposta é levá-lo a refletir criticamente sobre alguns assuntos e trocar ideias e experiências com seus pares.

Questões para revisão

Com essas atividades, você tem a possibilidade de rever os principais conceitos analisados. Ao final do livro, o autor disponibiliza as respostas às questões, a fim de que você possa verificar como está sua aprendizagem.

direito constitucional – parte geral

Conteúdos

- » Estado.
- » Constituição.
- » Poder constituinte e normas constitucionais: conceitos e classificações.

Nesta fase do estudo, trataremos da disciplina de direito constitucional em sua parte geral, ou seja, seus institutos, conceitos, princípios e classificações aplicáveis a qualquer constituição.

Pretendemos aqui fornecer as ferramentas para trabalhar com o objeto da disciplina, que é o texto constitucional vigente. Os conhecimentos da parte geral do direito constitucional, todavia, aplicam-se também à análise dos textos constitucionais de outros países, de Constituições do nosso país que já tiveram validade ou até mesmo de Constituições futuras que venham a substituir o atual texto.

Assim, estudaremos o significado desse documento e os elementos que o caracterizam, sem nos basearmos em uma Constituição específica. Também examinaremos aqui a relação da Constituição com o Estado, analisando a importância do texto para sua existência.

O conhecimento prévio da parte geral do direito constitucional permite ao estudante um entendimento maior do texto constitucional atual (e de qualquer texto constitucional que queira analisar).

Abordaremos, então, os institutos fundamentais da parte geral do direito constitucional, apontando principalmente para a importância da Constituição para os Estados modernos.

Estado

No passado distante, o homem adquiriu inteligência e tornou-se a espécie dominante do planeta, dada a vantagem que possuía sobre os demais seres. Essa inteligência, além de permitir ao homem fazer avanços científicos (criação da roda, domínio do fogo etc.), fez com que ele desenvolvesse conceitos abstratos, tais como propriedade, sociedade e direito.

Esse homem primitivo, já dotado de inteligência, vivia totalmente livre, ou seja, não existiam regras morais ou jurídicas que limitassem o seu agir. Dessa forma, nada o impedia de matar seu próximo e tomar-lhe seus pertences ou de atuar com violência para com seus semelhantes.

Esse livre agir, entretanto, tinha desvantagens, pois acabava por impor uma lei do mais forte. Desse modo, o homem que tomasse um pedaço de terra e nele trabalhasse podia a qualquer momento ser morto ou expulso por outro (ou outros) mais forte. Nada impedia essa situação, ou seja, a qualquer momento o homem podia ser sujeito à violência do seu semelhante.

> *
> Nesta obra, quando mencionarmos *Estado* com letra maiúscula, estaremos nos referindo ao ente estatal, ou seja, ao Estado como um todo. É preciso não confundir essa designação com *estado* na qualidade de unidade da federação (Paraná, Santa Catarina, Goiás, Sergipe etc.), que será geralmente mencionado com minúscula e cujo sentido poderá ser depreendido de acordo com o contexto em que se insere a palavra.

Os homens, então, começaram a viver em sociedade, dadas as vantagens desse sistema. O trabalho conjunto e complementar de todos os membros proporcionava uma vida melhor. Também havia maior proteção contra a lei do mais forte.

As regras jurídicas vieram regulamentar a vida em sociedade e impor limites à liberdade dos indivíduos. Assim, o homem perdeu a liberdade absoluta do início e passou a viver em uma sociedade regulamentada por regras trazidas pelo direito. Passou a existir a proteção à propriedade privada, por exemplo, que impede que alguém tome as terras pelo simples fato de ser mais forte. O homem, então, cedeu parte de sua liberdade para receber em troca maior segurança, que é dada pelo direito e pelo Estado*.

O Estado é uma decorrência da sociedade, que o cria como um ente que tem a função de manter a ordem. Para cumprir com seus objetivos, o Estado recebe uma série de prerrogativas, dentre as quais a mais importante é o monopólio do uso da força.

Nos Estados modernos, a força só pode ser usada legalmente pelo Estado com a justificativa de manter a ordem e o direito. Por isso é que se permite ao Estado, por exemplo, usar força para promover uma reintegração de posse ou cumprir uma ordem judicial qualquer. Esses atos, se praticados por um particular, são considerados crimes, mas, quando praticados pelo Estado dentro do que determina a lei, são lícitos.

> *Nos Estados modernos, a força só pode ser usada legalmente pelo Estado com a justificativa de manter a ordem e o direito.*

O Estado, então, é um ente a quem a sociedade atribui poderes especiais, que possibilitam a ele a criação de leis e normas diversas, de observância obrigatória por toda a sociedade. Também o Estado possui o poder de aplicar essas normas jurídicas, se necessário até mesmo por meio do uso da força física. Ao Estado, ainda, é dado o poder de dizer o direito, ou seja, havendo conflitos, cabe ao Estado decidir quem tem razão com base nas leis existentes. Todas essas tarefas são exercidas dentro do que determinam a Constituição e as leis, que são elaboradas pelo povo por intermédio de seus representantes eleitos.

Anteriormente, vimos o fundamento dos três poderes existentes nos Estados modernos, que desempenham as funções que só ele pode desempenhar: Executivo, Legislativo e Judiciário.

> O *Poder Executivo*, por exemplo, pode aplicar as leis e manter a ordem mediante até mesmo o uso de força física, o que não é permitido aos particulares. Esse poder também é o responsável pela prestação de serviços públicos e pela administração dos bens públicos.
>
> Da mesma maneira, só o Estado, por meio do *Poder Legislativo*, pode criar leis e normas de observância obrigatória para toda a sociedade. As regras que regem um clube, uma associação, uma religião são obrigatórias apenas para aqueles que aceitam a elas se submeter. E os sócios do clube, da associação ou os seguidores da religião podem a qualquer momento deixar a entidade se não mais aceitarem as regras existentes. Isso não ocorre com as regras emanadas pelo Poder Legislativo, ou seja, elas são de observância obrigatória para toda a sociedade, não podendo ninguém se escusar da sua observância pelo argumento de que não concorda com elas.

> Só o *Poder Judiciário* pode decidir em definitivo conflitos entre particulares ou entre particulares e Estado. A esse poder cabe a tarefa de solucionar os litígios que lhe são postos à apreciação, interpretando a lei e dizendo qual das partes tem direito, sempre com base nas leis e normas vigentes no Estado. Pode ocorrer, por exemplo, de se instaurar um litígio entre duas pessoas, que decidem submeter o conflito à apreciação, por exemplo, do pároco da cidade. Este poderá tomar uma decisão até justa, todavia esta não será obrigatória, ou seja, a parte prejudicada só a cumprirá se quiser. Já as decisões do Poder Judiciário são obrigatórias, ou seja, são decisões que obrigam efetivamente a parte prejudicada. Esta, se não cumprir a decisão contra ela proferida, poderá sofrer sanções, sendo obrigada, até mesmo por meio da força física, a cumprir com o decidido pelo Poder Judiciário. Essa característica de obrigatoriedade não é encontrada na decisão do pároco do exemplo anterior, que, se descumprida pelo prejudicado, não ocasionará qualquer consequência. As decisões do Poder Judiciário também são as únicas definitivas, ou seja, após o trânsito em julgado da decisão, quando contra ela não cabe mais recurso, o decidido torna-se definitivo e imutável, consolidando-se a situação por ela posta.

Assim, percebemos que o Estado possui funções que só ele tem e que são fundamentais para sua caracterização como Estado. Também devemos ter em mente que tais funções são extremamente importantes e ocasionam consequências significativas. Em alguns países, o Poder Judiciário pode até determinar a morte de uma pessoa, normalmente em casos criminais, após o devido processo. A atuação do Estado pode ter outras consequências severas, como, por exemplo, a tomada do filho dos braços da mãe no cumprimento de uma decisão judicial, a demolição de uma residência que ocupa irregularmente um terreno, a interdição de um estabelecimento que não segue normas da vigilância sanitária e outras tantas situações que podem advir das funções do Estado.

Essas situações, ainda que possam parecer violentas ou chocantes, são amparadas pelo ordenamento jurídico e são necessárias em face do interesse da sociedade. Essa prerrogativa do uso da força para a manutenção do Estado só ele tem e deve ser exercida como forma de manter a ordem. O seu não exercício ocasiona turbações na ordem, como aumento da criminalidade, problemas urbanísticos nas cidades ou mesmo a sensação de injustiça que pode ter, por exemplo, o cidadão cumpridor das leis quando vê pessoas desrespeitando-as sem que nada seja feito pelo Estado para impedi-las.

Visto então o Estado e suas funções, passemos agora ao exame da função da Constituição para o Estado e para o sistema jurídico.

Constituição: Estado e hierarquia

A Constituição é a norma que diz quais são os limites do poder do Estado, ou seja, até que ponto ele pode atuar interferindo na vida dos cidadãos. A Constituição, então, traz os direitos e as garantias fundamentais dos membros da sociedade, de maneira a limitar a atuação do Estado. Ela também regulamenta as funções do Estado, especificando como suas atividades serão exercidas e quais são os poderes de quem as exerce e determinando qual o alcance dessa atuação.

Assim, é na Constituição que encontramos a regulamentação dos Poderes Executivo, Legislativo e Judiciário, com a indicação da forma como estes são exercidos e dos limites a eles aplicáveis, que, em muitos casos, traduzem-se em direitos e garantias fundamentais do cidadão.

> *A Constituição é a norma que diz quais são os limites do poder do Estado*

Nesse sentido, temos a Constituição como o pilar fundamental do sistema jurídico, sendo sua norma fundamental. Todo o sistema é organizado de maneira que as normas tenham entre si uma relação de hierarquia. Em decorrência disso, a norma de menor hierarquia não pode contrariar a de hierarquia superior, sob pena de invalidade.

Assim, o ato de um servidor público não pode contrariar a portaria emitida pelo chefe do órgão público em que ele está lotado, o qual, por sua vez, não pode contrariar a instrução normativa emitida pelo superintendente da região em que está contido o dito órgão público, o qual, por sua vez, não pode contrariar a norma emitida pelo ministro de Estado, o qual tem poder sobre a superintendência e o órgão, que, por sua vez, não pode contrariar o decreto do presidente da República, que, por sua vez, não pode contrariar a lei que ele regulamenta, que, por sua vez, não pode contrariar a Constituição Federal.

Percebemos, assim que há um encadeamento de todos os atos e normas jurídicas, sendo que cada um deles retira o fundamento de sua validade da norma de hierarquia superior. Essa relação vai subindo na pirâmide da hierarquia das normas, até que chega à ponta da pirâmide, na qual não encontramos mais qualquer norma de hierarquia superior. É aí que se encontra a Constituição.

Esta, então, é a norma do topo da hierarquia, ou seja, acima dela não existe outra norma a que ela deva obedecer. Nenhuma norma jurídica ou ato pode contrariá-la, sob pena de ser considerado inválido. Todas as interpretações lhe devem ser conformes, ou seja, a aplicação de qualquer norma jurídica deve ser de acordo com o que dispõe o texto constitucional.

Em seu texto, a Constituição brasileira tem mecanismos de controle da constitucionalidade, os quais permitem controlar se uma lei ou ato normativo está de acordo ou não com a Constituição. Uma vez decidido que uma lei ou ato normativo está contra a Constituição, este é declarado inválido, perdendo sua vigência e aplicabilidade.

Essa importância da Constituição é fundamental para toda a sociedade, mas especialmente relevante para quem atua no poder público, seja como servidor, seja como agente político, seja como legislador ou qualquer outra função relacionada ao Estado e a suas atividades. Para estes, toda e qualquer atuação deve estar em conformidade com o texto constitucional e, por consequência, com as normas que dele derivam.

Na Constituição encontramos quais os valores que são caros à sociedade, os objetivos que ela pretende alcançar, os princípios que devem ser observados e os elementos fundamentais e imutáveis em que deve basear-se toda a atuação do Estado.

Nesse sentido, a Constituição é de suma importância para a interpretação das normas jurídicas, bem como para a determinação de seu conteúdo. É pelo que diz o seu texto que devemos interpretar as demais normas jurídicas, ainda que estas tenham sido emitidas antes até da vigência da atual Constituição.

A Constituição não se limita a determinar a forma como as leis serão elaboradas, mas também traz balizas para o seu conteúdo. Os valores que expressa devem ser observados em todas as leis, seja quando são elaboradas e aprovadas, seja quando são interpretadas e aplicadas. Por exemplo, a Constituição atual prevê como valor a ser preservado pela República brasileira o meio ambiente. Nesse sentido, é inviável uma lei que tenha o conteúdo que prejudique o meio ambiente. Assim, o valor impõe que em qualquer lei deva ser observado o fato de que o meio ambiente deve ser preservado e práticas de desenvolvimento sustentável devem ser adotadas. Mesmo uma lei que, aparentemente, não tenha ligação com o meio ambiente, se tiver como efeito, mesmo que reflexo e não previsto, prejuízo ao meio ambiente, contrariamente ao que determina a Constituição, não pode subsistir no nosso sistema. Ou ela será aplicada diferentemente, de maneira a atender à Constituição, ou terá de ser excluída do sistema, pois estará configurada a inconstitucionalidade.

Seja qual for o ângulo que utilizarmos para analisar a Constituição, sempre encontraremos sua importância incontestável para o sistema jurídico e para o Estado.

Poder Constituinte

Por estar no topo da hierarquia das normas, a Constituição suscita uma dúvida: como ela é elaborada? Essa dúvida surge porque a Constituição, como visto, entre outras regras, disciplina como são elaboradas e aprovadas as leis e outras normas infraconstitucionais. Ela traz, ainda, regras que apontam como se deve proceder quando seu próprio texto precisa ser alterado.

> **Pense a respeito**
>
> Agora, se a Constituição aponta como são criadas as outras normas e se ela é quem cria e disciplina o Poder Legislativo, qual a norma que determina como se elabora uma Constituição? Quem tem o poder para elaborar esse texto?

De acordo com Alexandre de Moraes (2008, p. 26), quem tem poder para elaborar a Constituição detém a chamada *titularidade do Poder Constituinte*. E, modernamente, entendemos que essa titularidade está nas mãos do povo.

Nesse sentido, a Constituição vem do povo, o qual, por meio de seus representantes legais, coloca sua vontade no texto constitucional. Como vimos anteriormente, é na Constituição que encontramos a fonte dos três poderes da República, a própria disciplina os fundamentos do Estado. Logo, nada mais justo que o povo desse Estado tenha o poder de determinar, pela vontade da maioria, as principais características relativas ao Estado.

A Constituição Federal de 1988 incorpora esse conceito em seu texto, quando determina (art. 1º, parágrafo único): "Todo o poder emana do povo, que o exerce por meio de representantes eleitos ou diretamente, nos termos desta Constituição."

Vimos, então, quem escreve e aprova a Constituição. Agora, vejamos como isso acontece.

A criação da Constituição normalmente ocorre logo após a criação de um novo Estado, de um novo país. Logo após esse momento, é preciso criar um sistema político e jurídico, em que se escrevam regras que determinem a organização do Estado, os direitos e garantias fundamentais e todas as demais normas que devem reger seu funcionamento.

Pode ocorrer também de um país já existente, que já possua uma Constituição, decidir alterar sua ordem jurídica desde a origem, criando um novo texto constitucional. Isso pode acontecer simplesmente porque o texto antigo não mais atenda ao que é necessário, ou mesmo porque tenha havido no país uma revolução, que instalou um novo sistema econômico ou político (por exemplo, um Estado capitalista que tenha se tornado comunista, ou um país ditatorial que tenha se tornado democrático). Nessa última hipótese, o texto constitucional antigo atendia ao sistema anterior, de maneira que se deve criar um novo texto adequado à realidade.

Essas hipóteses, em que há a criação de uma nova Constituição, seja por criação de um novo país, seja por revolução, seja por adequação, são hipóteses do chamado *Poder Constituinte Originário*. Ele é dito *originário* porque não depende de outra norma ou de outro sistema jurídico para existir, ou seja, é obra original, não deriva de outra norma que o antecedeu.

De acordo com Alexandre de Moraes (2008, p. 28), o Poder Constituinte Originário tem as seguintes características: inicial, ilimitado, autônomo e incondicionado.

É inicial porque a Constituição é a base da ordem jurídica. É ilimitado e autônomo porque não possui limites e não está ligado à ordem jurídica anterior. Assim, o Poder Constituinte Originário pode decidir qualquer coisa a respeito do Estado. Por exemplo, pode decidir se o governo será monarquista, republicano, parlamentarista ou presidencialista; pode decidir se permite ou proíbe a pena de morte, pode decidir se a pessoa responde criminalmente como adulta a partir dos 14, ou dos 16, ou dos 18 anos. Ou seja, pode decidir como quiser sobre qualquer aspecto da lei, não há nada que o limite ou o impeça de escolher suas disposições. A autonomia, nesse caso, refere-se ao fato de que não importa o que dispunha a ordem jurídica anterior. O Poder Constituinte Originário é como uma folha em branco, que pode ser preenchida como se achar melhor.

Então, por exemplo, se no regime jurídico anterior havia uma república presidencialista, nada impede nem induz que se estabeleça uma monarquia parlamentarista ou uma república parlamentarista. Cabe ao poder constituinte, ou seja, ao povo, decidir o que considera melhor para o Estado.

O Poder Constituinte Originário é ainda incondicionado, isto é, ele não está sujeito a regras para ser exercido. Não são colocadas condições preexistentes para seu funcionamento, pois, se é ele originário, não deriva de qualquer outra norma anterior, de maneira que não existem condições, obrigatoriedade de quórum mínimo ou número de representantes, para que a Constituição seja aprovada.

> *O Poder Constituinte Originário é como uma folha em branco, que pode ser preenchida como se achar melhor.*

Como vimos, o Poder Constituinte Originário pode derivar de situações ou de nascimento de uma nova ordem jurídica ou de quebra de uma ordem anterior e surgimento de uma nova. Nesse sentido, há duas formas pelas quais o poder constituinte originário é exercido. De acordo com Alexandre de Moraes (p. 27), são elas: Assembleia Nacional Constituinte ou Movimento Revolucionário (outorga).

A *Assembleia Nacional Constituinte* é como um parlamento, composto por representantes do povo encarregados da elaboração da nova carta. Nessa hipótese, o texto é elaborado e discutido democraticamente, de maneira que prevaleça a vontade da maioria e, na medida do possível, contemple os direitos das minorias. É dito dessa Constituição que ela é *promulgada*. A Assembleia Nacional Constituinte geralmente é convocada com o fim especial de elaborar e aprovar uma nova Constituição. No Brasil, quando da elaboração da Constituição de 1988, estabeleceu-se que a Assembleia Nacional Constituinte funcionaria com o Congresso Nacional, sendo os deputados e os senadores membros da Assembleia e encarregados de elaborar o novo texto, ao mesmo tempo em que continuavam com o trabalho normal do parlamento.

No caso do *Movimento Revolucionário*, trata-se de uma Constituição escrita unilateralmente por quem comanda a revolução, impondo o texto à nação em um primeiro momento. Essa Constituição é tida como *outorgada*.

Quando estamos diante de um novo país ou de uma ruptura na ordem jurídica, geralmente temos um movimento violento e algumas vezes repentino, que cria o novo país a partir da independência de outro ou rompe com a ordem jurídica anterior por meio da força. Nessas hipóteses, com brevidade, necessita-se de uma Constituição para manter a estabilidade do país e a sua governabilidade. Todavia, se forem sérios tais movimentos, a Assembleia Nacional Constituinte deve imediatamente ser convocada para a elaboração de um texto constitucional que abranja a vontade da maioria e que pondere o desejo do povo. Uma Constituição outorgada unilateralmente, por melhor que seja, não substitui uma Constituição discutida e aprovada democraticamente. Assim, em caráter de urgência, outorga-se a Constituição provisória, até que outra seja elaborada democraticamente.

Certamente que, nas rupturas em que o grupo revolucionário pretende estabelecer um regime ditatorial, há apenas a outorga de uma Constituição, estabelecendo somente a vontade do grupo que comandou a revolução e pretende comandar o país.

Nos casos em que se pretenda somente substituir a ordem jurídica, com a criação de um texto mais moderno, convoca-se uma Assembleia Nacional Constituinte enquanto se mantém o texto anterior vigente, substituindo-se um pelo outro quando estiver concluída a nova Constituição.

Existe ainda o *Poder Constituinte Derivado*. Este é previsto na própria Constituição e permite que ela seja alterada, estabelecendo critérios e requisitos para que isso aconteça. Ele é *derivado* porque tem fundamento na Constituição, ou seja, dela é derivado. É subordinado pois está limitado pela própria Constituição, não podendo dispor livremente de todos os assuntos. É também condicionado porque se submete às regras da Constituição para ser exercido.

> **Importante**
>
> O Poder Constituinte Derivado pode alterar a Constituição, mas esse poder não é livre, como acontece no originário. Aqui, a Constituição estabelece limites para que seu próprio texto seja alterado. Estes se apresentam tanto pelo processo rigoroso para que a alteração ocorra quanto pela fixação de alguns pontos imutáveis. Estes são denominados cláusulas pétreas e geralmente se referem aos fundamentos da Constituição, ou seja, aqueles elementos sem os quais a Constituição restaria desfigurada e a vontade do poder originário, desrespeitada. Caso se deseje mudar o que dispõe uma das cláusulas pétreas, é necessária a elaboração de uma nova Constituição, pois a alteração da atual é impossível sobre o assunto.

Por exemplo, em nossa Constituição atual, é cláusula pétrea a separação dos três poderes. Logo, qualquer proposta contra a separação não será sequer discutida pelo Poder Constituinte Derivado. Este, no Brasil, é exercido pelo Congresso Nacional, sendo a alteração à Constituição denominada de *emenda à Constituição*.

Conceito de Constituição

Pelo exposto anteriormente, já é possível entender o que é a Constituição e qual é o seu alcance. Todavia, aqui pretendemos expor conceitos de autores consagrados, a fim de sinteticamente esclarecer ao leitor o significado da Constituição.

Para José Afonso da Silva (2008, p. 37-38), o conceito de Constituição parte da premissa de que "todo Estado tem constituição, que é o simples modo de ser do Estado". Assim:

> *A constituição do Estado, considerada sua lei fundamental, seria, então, a organização dos seus elementos essenciais: um sistema de normas jurídicas, escritas ou costumeiras, que regula a forma do Estado, a forma de seu governo, o modo de aquisição e o exercício do poder, o estabelecimento de seus órgãos, os limites de sua ação, os direitos fundamentais do homem e as respectivas garantias. Em síntese, a constituição é o conjunto de normas que organiza os elementos constitutivos do Estado.* (Silva, 2008, p. 39)

Paulo Bonavides divide o conceito de Constituição entre material e formal. Por Constituição material, vejamos o que ele menciona:

> *Do ponto de vista material, a Constituição é o conjunto de normas pertinentes à organização do poder, à distribuição da competência, ao exercício da autoridade, à forma de governo, aos direitos da pessoa humana, tanto individuais como sociais. Tudo quanto for, enfim,*

> *conteúdo básico referente à composição e ao funcionamento da ordem política exprime o aspecto material da Constituição.* (Bonavides, 2008, p. 80-81)

Debaixo desse aspecto, não há Estado sem Constituição, ou Estado que não seja constitucional, visto que toda sociedade politicamente organizada contém uma estrutura mínima, por rudimentar que seja.

O mesmo autor distingue ainda o conceito de Constituição no sentido formal. De acordo com ele, "As Constituições, não raro, inserem matéria de aparência constitucional. Assim se designa exclusivamente por haver sido introduzida na Constituição, enxertada no seu corpo normativo e não porque se refira aos elementos básicos ou institucionais da organização política" (Bonavides, 2008, p. 81).

Por esse entendimento, a Constituição material seria aquela propriamente dita, ou seja, o texto que prevê a organização do Estado, os direitos e as garantias fundamentais e as matérias fundamentais para a existência do Estado. A Constituição formal seria a parte do texto que está junto com a Constituição e tem caráter de norma constitucional, mas que não se refere às normas fundamentais do Estado que compõem a Constituição material.

Dessa forma, em uma mesma Constituição convivem assuntos materialmente e formalmente constitucionais. A Constituição formal e a material estão juntas no mesmo texto. A distinção entre uma e outra depende da sua interpretação, analisando-se se as normas encaixam-se no conceito de Constituição no sentido material ou não.

Geralmente nas matérias da Constituição formal se incluem matérias não fundamentais ao Estado, mas às quais se pretende atribuir maior proteção e importância. Assim, tornam-se normas também do topo da hierarquia, ainda que não necessariamente precisem ter essa posição. Isso não ocorre, todavia, com as normas materialmente constitucionais, que obrigatoriamente devem estar contidas no texto constitucional.

Classificação das Constituições

Como vimos até agora, todo o Estado possui uma Constituição. A forma ou a maneira como se materializa uma Constituição não a desqualifica como tal, pois o que importa é o seu conteúdo. Sendo um conteúdo que se enquadre nos conceitos de Constituição vistos anteriormente, estamos diante de um documento com essa qualificação.

Essa explicação se faz necessária porque nós, brasileiros, quando falamos em Constituição, logo pensamos no nosso texto constitucional, presumindo que todas as Constituições do mundo são iguais à nossa. Constituição que assuma outra forma nos parece estranho que ganhe essa qualificação. Todavia, o conteúdo constitucional aponta para o que é uma Constituição, e não necessariamente para a forma que esse conteúdo toma.

Veremos agora as diversas classificações em que a doutrina do direito constitucional enquadra as Constituições*. Aqui aproveitamos também para estudar a existência de textos constitucionais em formatos diferentes do nosso.

* As categorias aqui expostas estão em conformidade com Moraes, 2008, p. 8-11.

a) Classificação quanto ao conteúdo

Nesta categoria, dividem-se as Constituições entre materiais e formais.

Nas *Constituições materiais*, temos as normas próprias da Constituição (organização do Estado, poder etc.), não necessariamente codificadas em um único volume. Podem ser obtidas tais regras em diversos documentos distintos, de maneira que o termo *Constituição*, na verdade, designa um conjunto de regras de diversas fontes que tratam das questões próprias de direito constitucional.

Já a *Constituição formal* é aquela codificada em um único texto, ao qual se dá o nome de *Constituição*, geralmente lhe atribuindo rigidez e supremacia sobre as demais normas.

Nem todas as normas nela contidas são materialmente constitucionais, de modo que temos, então, uma Constituição formal, que contém as regras materialmente constitucionais.

Essa categoria não classifica propriamente as Constituições dos Estados, mas as regras constitucionais neles existentes. Por essa classificação, é possível vislumbrar a hipótese de uma Constituição não codificada, ou seja, com regras esparsas, o que entre nós é impensável, já que o Brasil sempre teve Constituições escritas e codificadas.

Dessa forma, podemos dizer que a Constituição Federal de 1988 é formal, contendo normas constitucionais materiais. É formal porque foi codificada e recebe o nome e as prerrogativas de Constituição, mas possui em seu corpo regras que não são materialmente constitucionais, pois poderiam ser tratadas em outro tipo de norma.

b) Classificação quanto à forma

Dividem-se aqui entre as constituições escritas e não escritas (costumeiras). A classificação baseia-se no fato de a Constituição ser codificada e sistematizada em um volume.

A *Constituição escrita* é aquela redigida, sistematizada e aprovada como Constituição por um órgão criado e com poder para isso. A Constituição é a norma legal reconhecida por todos como o topo da hierarquia das normas.

Já a *Constituição não escrita* ou costumeira é aquela encontrada em diversas normas esparsas e nos costumes do Estado e da sociedade. Nesse caso, não existe um documento ao qual se dá o nome de *Constituição*. Inclusive o costume é fonte das normas constitucionais, de maneira que a organização do poder e do Estado podem derivar de meros costumes não escritos, passados de geração para geração.

As maiores vantagens da Constituição escrita são a maior organização e a maior publicidade do texto, de forma que se evitam dúvidas sobre a Constituição e é possível, em um só local, conhecer todas as normas constitucionais de um Estado. Tanto é assim que hoje a maioria das Constituições dos Estados modernos é escrita, como, por exemplo, a Constituição brasileira atual.

Já a Constituição não escrita era mais utilizada no passado, especialmente em regimes absolutistas, nos quais a organização do Estado e do poder baseava-se na figura do monarca; logo, a Constituição era basicamente o que ele dizia. Todavia, encontramos a da Inglaterra como moderno exemplo de Constituição costumeira, em que boa parte das regras constitucionais deriva de costumes ou regras esparsas.

Como já mencionado, a Constituição escrita tem uma série de vantagens que faz com que hoje a maioria dos Estados adote essa forma. Porém, o fato de um Estado ter uma Constituição costumeira não significa que ele seja desorganizado ou instável. Um exemplo é o caso já citado da Inglaterra, país que, apesar disso, ninguém duvida, está entre os mais estáveis e democráticos do mundo.

O que torna uma ordem constitucional estável é o respeito do povo por esse documento e pelas instituições e o conhecimento que tem desses mesmos elementos, e não o fato de a Constituição ser escrita ou ter maior ou menor rigidez.

c) Classificação quanto ao modo de elaboração

Podem ser constituições d o g m á t i c a s ou h i s t ó r i c a s.

As *d o g m á t i c a s* são aquelas elaboradas por Assembleia Constituinte, escrita e sistematizada de acordo com o direito positivo e os princípios jurídicos. As *h i s t ó r i c a s* são aquelas derivadas de um processo de tradição e história de um povo, geralmente também ligado a uma Constituição costumeira. A Constituição brasileira de 1988 é dogmática, pois foi elaborada pela Assembleia Constituinte.

d) Classificação quanto à origem

Podem ser constituições p r o m u l g a d a s ou o u t o r g a d a s.

As *promulgadas* são aquelas elaboradas em processo democrático, por meio de Assembleia Constituinte, com a participação de representantes de todos os setores da sociedade. As *outorgadas* são as Constituições impostas pelo poder dominante, geralmente durante períodos ditatoriais. São impostas unilateralmente pelo governo, sem discussão do texto. A Constituição Federal de 1988 é promulgada.

e) Classificação quanto à estabilidade

Podem ser constituições rígidas, semirrígidas, flexíveis ou imutáveis.

As *flexíveis* são aquelas Constituições que podem ser alteradas pelo processo legislativo ordinário, ou seja, da mesma forma como são elaboradas as leis normais. As *rígidas* são as Constituições que exigem, para serem alteradas, um processo legislativo mais solene e difícil que aquele exigido para as demais normas. As *semirrígidas* têm partes que podem ser alteradas como as flexíveis e partes que impõem a mesma dificuldade das rígidas. As *imutáveis* não podem ser alteradas em qualquer ponto.

A Constituição brasileira de 1988 é considerada rígida, pois, para ser alterada, exige duas votações em cada uma das casas do Congresso Nacional, com aprovação por três quintos dos seus membros. É bem mais difícil de se aprovar que uma lei ordinária, por exemplo, que exige maioria simples (dos presentes) em apenas uma votação em cada casa.

Alexandre de Moraes (2008) alerta que a Constituição brasileira atual possui alguns pontos imutáveis, as cláusulas pétreas, que não podem ser alteradas nem por emenda à Constituição.

f) Classificação quanto à extensão

As Constituições podem ser analíticas (dirigentes) ou sintéticas.

A *sintética* é aquela que se limita às matérias constitucionais básicas, estipulando os direitos e as garantias fundamentais do cidadão e os princípios gerais de organização do Estado. Como exemplo dessa categoria temos a dos Estados Unidos da América, que se limita apenas a fixar os princípios básicos desse país e a estabelecer os direitos e garantias fundamentais dos cidadãos.

A *analítica* é mais extensa, tratando não só de questões de princípios e organização do Estado e direitos e garantias do cidadão, mas também de outros assuntos a que se entenda necessário conferir importância constitucional. Nos assuntos de que trata, é mais descritiva que a sintética, não se limitando apenas a prever o assunto, mas também descrevendo regras e políticas a serem adotadas sobre os assuntos tratados.

> Por exemplo, a ==Constituição Federal de 1988 é analítica, pois traz, além das questões constitucionais materiais, diversas outras.== Assuntos como infância e adolescência, idosos, indígenas, trabalho e emprego, educação, cultura, ciência e tecnologia são enfocados pela Constituição. Em alguns casos, tais questões são tratadas exaustivamente, estabelecendo-se uma verdadeira disciplina de tais assuntos, que, no entanto, poderiam ser tratados tranquilamente por lei ordinária.

É dito também que a Constituição analítica é dirigente porque não se limita a dar as bases do Estado, mas também dirige as políticas de governo e do Estado de maneira a determinar que se realizem e alcancem determinados resultados. Assim, a Constituição não só informa como a lei deve ser elaborada, mas também o que ela deve conter. O conteúdo da norma deve, então, obedecer às disposições constitucionais sobre o assunto, o que não aconteceria em uma Constituição sintética, que apenas traz o processo legislativo sem maiores ponderações sobre o conteúdo. Por exemplo, em face da Constituição de 1988, uma norma que trate do tema "uso da água" deve, obrigatoriamente, observar as disposições sobre água e meio ambiente previstas no texto constitucional. Isso não aconteceria em uma Constituição sintética, em que o assunto água e meio ambiente não seria sequer tratado, limitando-se apenas ao rito que o Poder Legislativo deve observar para aprovação da lei.

Aplicabilidade e eficácia das normas constitucionais

As normas trazidas por uma Constituição dividem-se de acordo com sua aplicabilidade. Esta pode ser maior ou menor ou depender de outra norma para ser plena, advindo daí a classificação. A divisão mais clássica qualifica as normas entre as de eficácia plena, contida e limitada.

As normas constitucionais de *eficácia plena* são aquelas que, desde a entrada em vigor da Constituição, têm aplicabilidade plena, ou seja, desde o início da sua vigência, produzem ou podem produzir efeitos, não dependendo de posterior regulamentação para serem aplicadas. Na Constituição atual, os direitos e garantias constitucionais do art. 5º são exemplos, quase todos, de normas de eficácia plena.

As normas de *eficácia contida* são aquelas que a Constituição regulamentou suficientemente, mas deixou para o legislador a tarefa de estabelecer requisitos ou condições para seu exercício. Por exemplo, a Constituição estabelece que é livre o exercício de qualquer trabalho, desde que atendidos os requisitos de qualificação profissional que a lei determinar. Dessa forma, a Constituição estabelece como regra a liberdade de ofício, mas permite que tal liberdade seja limitada de acordo com o que a lei posterior disser.

Existem também as regras de *eficácia limitada*, que são aquelas que só têm eficácia e aplicabilidade após a edição de uma lei que as regulamente. Por exemplo, a Constituição determinou que os empregados terão participação nos lucros e resultados da empresa, nos termos da lei. Esse direito só poderá ser exercido após a edição de uma norma que estabeleça a forma como essa participação ocorrerá; antes disso, o direito não poderá ser exercido.

Mais modernamente, entendeu-se, ainda, que existem as chamadas *normas programáticas*, as quais estabelecem valores, indicações de políticas a serem adotadas. Não possuem aplicabilidade em casos concretos, servindo mais ao governo e ao Legislativo como indicação do conteúdo das leis que devem ser editadas e das políticas a serem adotadas. Por exemplo, a Constituição de 1988 traz uma série de valores e princípios a serem observados pela ordem econômica. Não há, entretanto, aplicabilidade direta destes, mas apenas uma indicação de que a atividade econômica deve segui-los. A legislação que rege a ordem econômica e sua interpretação devem observar tais princípios e valores, mas estes simplesmente constituem um programa da Constituição para esse assunto.

Síntese

Nesta primeira parte, tivemos a oportunidade de estudar os fundamentos do direito constitucional. A intenção é fornecer os instrumentos básicos para a análise da Constituição da República Federativa do Brasil, que será estudada especificamente logo a seguir.

Como vimos, o texto constitucional é a pedra fundamental do sistema jurídico e político de um país. Logo, a Constituição do Brasil é a norma jurídica mais importante hoje existente em nosso direito. É nela que encontramos todas as regras para o funcionamento dos três poderes, os direitos e garantias fundamentais e os princípios e valores do ordenamento jurídico.

É por essa razão que todo o sistema jurídico brasileiro deve estar de acordo com o que determina a Constituição. Essa afirmação atribui a essa lei uma importância enorme para o Estado brasileiro e para o direito, pois é o marco inicial de todo e qualquer estudo jurídico que se pretenda realizar.

Assim, dado esse instrumental básico, passemos à análise desta norma tão importante, que é a Constituição de 1988.

Questões para Revisão

1) O que é a Constituição? O que a caracteriza?

2) Diferencie normas materialmente constitucionais das normas formalmente constitucionais.

3) Assinale qual das alternativas abaixo corresponde a uma classificação da Constituição Federal de 1988:
   a) Flexível.
   b) Sintética.
   c) Escrita.
   d) Histórica.

4) Criou-se um novo Estado, e o seu povo decidiu elaborar uma Constituição. Qual o tipo de poder constituinte que eles exercem neste caso:
   a) Originário.
   b) Derivado.
   c) Limitado.
   d) Condicionado.

5) Por que a Constituição Federal de 1988 é considerada rígida?
   a) Porque não pode ser alterada em qualquer ponto;
   b) Porque pode ser alterada pelo mesmo processo da lei ordinária;

c) Porque possui pontos imutáveis (cláusulas pétreas)
d) Porque exige processo legislativo especial e rigoroso para ser alterada.

Questões para Reflexão

1) O Brasil possui uma Constituição que é considerada uma das mais avançadas do mundo, pois prevê diversos direitos e garantias fundamentais que visam o bem comum e a felicidade da população.
Reflita sobre a seguinte questão: É necessário para haver bem estar da população que o texto constitucional preveja direitos e garantias fundamentais? É possível um Estado em que os cidadãos vivam bem sem que a Constituição preveja as condições para que isso ocorra? A nossa Constituição sozinha garante o bem estar da nossa população?

2) As constituições modernas trazem diversos direitos e garantias no seu texto, além da previsão de realização de políticas públicas que visam o bem estar da população. As constituições mais antigas não tinham tais previsões, limitando-se apenas a determinar as atividades e poderes do Estado e suas limitações, com pouca preocupação de bem estar ou social.
Discuta e reflita sobre as vantagens e desvantagens de cada tipo de Constituição. É melhor uma constituição mais descritiva e com mais direitos, ainda que talvez nem todos consigam ser efetivados, ou é melhor uma constituição que apenas regulamente o funcionamento do Estado, deixando as políticas públicas para serem escolhidas em cada momento?

constituição da república federativa do brasil de 1988

A parte geral do direito constitucional, vista no início desta obra, forneceu os instrumentos necessários à análise do texto atual. Também permitiu a análise da importância da Constituição para os Estados modernos.

Passemos, então, ao estudo da Constituição da República Federativa do Brasil vigente na atualidade, promulgada em 1988. Observaremos agora os dispositivos que lhe são específicos.

Também veremos o que diz a Constituição sobre a organização do Estado e a forma de exercício de poder no Brasil, além dos direitos e garantias fundamentais do cidadão.

Nesta segunda parte, então, faremos a análise do texto em espécie, examinando quais as normas que atualmente regem o Estado brasileiro.

introdução

I

Histórico da Constituição no Brasil

Conteúdo do capítulo:

» Evolução histórica das Constituições brasileiras desde a Independência do Brasil até a promulgação da Constituição de 1988.

Partindo da premissa de que não há Estado sem Constituição, concluímos que o Brasil sempre teve Constituição. Desde a sua independência, o país já teve oito Constituições diferentes, quatro delas promulgadas (1891, 1934, 1946 e 1988) e quatro outorgadas (1824, 1937, 1967 e a Emenda Constitucional 01/1969)*. Vejamos brevemente a história de cada uma delas, para depois dar início à análise da Constituição de 1988.

No período colonial, entre o descobrimento e a independência, o Brasil era dependente de Portugal, na condição de colônia. Logo, não possuía autonomia de poder, não tendo, portanto, legislação nem governo próprios. Nesse período, vigorava a legislação de Portugal.

---

* Para consultar na íntegra as Constituições brasileiras, acesse: <http://www.planaltc.gov.br/ccivil_03/constituicao/principal.htm>.

Realizada a independência em 1822, foi outorgada então a Constituição Política do Império do Brasil em 25 de março de 1824. Essa Constituição foi imposta pelo imperador e pelo poder central e caracterizava-se, basicamente, pelo chamado *Poder Moderador*, que tinha prevalência sobre os demais poderes e era exercido pelo monarca.

Em 1889, foi proclamada a República, sendo necessária então uma nova Constituição. Em 1891, foi promulgada com o nome de *Constituição da República dos Estados Unidos do Brasil* e caracterizava-se por estabelecer o Brasil como uma república federativa. Isso significou a organização da República em uma federação, composta pelos diversos estados, semelhante ao modelo americano.

Em 1930, aconteceu a revolução em que Getúlio Vargas subiu ao poder, dando atenção ao aspecto social, regulamentando as questões relacionadas ao trabalho e privilegiando a educação e a cultura. Ele convocou a Assembleia Constituinte, que, em 1934, promulgou, com o mesmo nome de 1891, a Constituição da República dos Estados Unidos do Brasil.

A Constituição de 1934 é marcada por ser a primeira a prever direitos de cunho social e a primeira a tratar das questões econômicas, de educação, família e cultura. As Constituições anteriores eram mais sintéticas, derivadas de um Estado liberal, limitando-se apenas a estabelecer e regulamentar o Estado. Também a Constituição de 1934 foi a primeira a estabelecer o voto feminino e criou a Justiça Eleitoral e os Tribunais de Contas.

Em 1937, porém, em virtude das agitações internas derivadas de influências de ideologias externas, Getúlio Vargas dissolveu o Congresso e revogou a Constituição de 1934. Outorgou, então, a Constituição dos Estados Unidos do Brasil, com o chamado *Estado Novo*. José Afonso da Silva explica que essa Constituição não teve aplicação regular, já que houve ditadura pura e simples, de acordo com a vontade do presidente (Silva, 2008).

Com o fim do governo ditatorial, fez-se necessária a realização de uma nova Constituição. Surgiu, então, a Constituição da República dos Estados Unidos do Brasil, promulgada em 1946. De acordo com José Afonso da Silva, essa Constituição não teve um pré-projeto ordenado, baseando-se nas Constituições republicanas anteriores de 1891 e 1934. Por isso, é um texto voltado ao passado, e não ao futuro (Silva, 2008).

Em 1964, ocorreu a revolução comandada pelos militares, que derrubou o presidente João Goulart. Nesse período, o país foi regido por atos institucionais, juntamente com a Constituição de 1946. Em 1967, os militares apresentaram projeto de Constituição, que foi votado pelo Congresso e outorgado pelo governo. Esse texto teve influência da Constituição de 1937, também outorgada em regime ditatorial. Esse ato marcou o endurecimento definitivo do regime militar, com o afastamento de grande parte dos direitos e garantias políticas.

Em 1968, veio o Ato Institucional n° 5 (AI 5), que rompeu totalmente com a ordem constitucional.

Em 1969, foi promulgada a Emenda Constitucional n° 1 à Constituição de 1967. Tecnicamente, a emenda constitucional (EC) é uma alteração a um texto constitucional vigente. Todavia, a EC 1969 é considerada pela doutrina como uma nova Constituição, pois alterou completamente o texto de 1967. Até o nome da Constituição foi modificado: em 1967, chamava-se *Constituição do Brasil* e, em 1969, passou a denominar-se *Constituição da República Federativa do Brasil*.

Com o fim da ditadura militar, em 1985, foi nomeada uma comissão para elaborar o anteprojeto de nova Constituição, e, posteriormente, foi convocada a Assembleia Nacional Constituinte, que se iniciou em 1° de fevereiro de 1987.

A Assembleia Nacional Constituinte era, na verdade, composta pelos deputados federais e senadores, não havendo eleição de membros exclusivos para ela. Seu texto foi aprovado em dois turnos de discussão, por maioria absoluta de seus componentes.

Assim, em 5 de outubro de 1988, foi promulgada a Constituição da República Federativa do Brasil, que é hoje aclamada pela maioria da doutrina como um dos textos constitucionais mais avançados do mundo. Ulisses Guimarães, que presidiu a Assembleia Nacional Constituinte, chamou-a de *Constituição Cidadã*, em função da ampla participação popular na sua elaboração.

De fato, a Constituição atual é extensa e prevê uma série de direitos e garantias fundamentais, além de tratar de temas como trabalho, administração pública, finanças públicas, economia, saúde, educação, cultura, meio ambiente e outros que abrangem diversos aspectos da complexa sociedade brasileira.

Em muitos pontos, nota-se no texto constitucional um nítido repúdio a práticas do regime ditatorial na época recém-abandonado, como quando se prevê o amplo acesso à informação em bancos de dados públicos, o direito de *habeas corpus* ou o amplo acesso ao Poder Judiciário que se concede a todo aquele que se julgue ofendido em seus direitos.

Em muitas partes, todavia, a Constituição ainda não se encontra totalmente implementada, já que se considera necessária a prolação de leis que regulamentem os direitos e as questões nela contidos. Essas leis, em muitos casos, ainda não foram tratadas pelo Legislativo, havendo lacunas sérias no cumprimento da Constituição em virtude dessa omissão.

A própria Constituição Federal previu a sua revisão, que aconteceu em 1993. Para essa revisão, era necessário apenas o voto da maioria absoluta dos membros do Congresso Nacional, ao contrário do quórum necessário para a aprovação de emenda constitucional, que é de três quintos dos seus membros. Ao todo, foram editadas seis emendas constitucionais de revisão.

Se, por um lado, a Constituição Federal é aclamada como sendo avançada, por outro, é criticada por ser demasiadamente extensa e minuciosa, além de, em alguns pontos, prever direitos e questões inexequíveis.

De fato, trata-se de um texto legal bastante extenso. É composto por 250 artigos. Além destes, contém o Ato das Disposições Constitucionais Transitórias (ADCT), composto de 96 artigos, em que se incluíram questões mais fugazes, não próprias do texto constitucional.

Outra crítica que se faz aos governos posteriores à Constituição Federal refere-se à disposição destes em alterar seu texto de acordo com sua conveniência. Quando da elaboração desse texto, pouco antes do vigésimo aniversário de sua promulgação, a Constituição contava com 66 emendas constitucionais elaboradas em 22 anos de sua vigência. Temos, então, uma média de 3 alterações por ano de vigência. Essas emendas, em alguns casos, alteraram substancialmente a vontade do constituinte originário, de maneira que o texto atualmente vigente é bastante diferente daquele promulgado pela Assembleia Nacional em 1988.

De qualquer forma, a Constituição Federal vem sendo muito aplicada, especialmente no que tange a assegurar direitos e garantias do cidadão perante o Estado. O regime ditatorial anterior não permitia o questionamento dos atos estatais, de forma que a Constituição e o Judiciário para essas questões eram peças decorativas da República, e o direito constitucional era considerado matéria "fria" nas faculdades de Direito. Hoje, em função da redemocratização e da divulgação da Constituição Federal e da ampla aplicação que o Judiciário dá ao texto constitucional, houve significativos avanços na aplicação da Constituição.

Na história do Brasil, o período de aplicação da Constituição de 1988 pode ser considerado curto, de modo que nos parecem prematuros a crítica ou o elogio definitivos ao seu texto. De qualquer forma, a Constituição atual trouxe avanços e ainda pode proporcionar muitas questões interessantes nos próximos anos, de maneira que o texto a ser estudado é dos mais interessantes do nosso direito.

Feito o histórico das Constituições no Brasil, passamos, então, à análise propriamente dita da Constituição da República Federativa do Brasil.

1.1 Constituição Federal e sua divisão

Vimos os antecedentes históricos de nossa história constitucional, até chegar às circunstâncias de elaboração da Constituição Federal atual, em vigência desde 1988.

Como já dito, trata-se de um texto extenso. Em função disso, é dividido em nove títulos. Estes se subdividem em capítulos, que, por sua vez, podem subdividir-se em seções e estas, em subseções. Essa subdivisão visa agrupar as normas relacionadas com cada um dos assuntos tratados pelo texto constitucional, facilitando sua leitura e consulta.

Os títulos tratam dos princípios fundamentais (Título I), dos direitos e garantias fundamentais (Título II), da organização do Estado (Título III), da organização dos Poderes (Título IV), da defesa do Estado e das instituições democráticas (Título V), da tributação e do orçamento (Título VI), da ordem econômica e financeira (Título VII), da ordem social (Título VIII) e das disposições constitucionais gerais (Título IX).

Como a intenção aqui é expor o direito constitucional brasileiro, pretendemos seguir, a partir de agora, a ordem dos temas conforme aparecem na Constituição, abordando cada um deles dentro do respectivo título. Não se trata de comentar todos os dispositivos da Constituição, mas de analisar seus institutos mais importantes dentro da mesma estrutura por ela estabelecida.

Assim, passaremos a analisar o direito constitucional brasileiro de acordo com os títulos da Constituição, os quais dão nome aos capítulos seguintes desta obra.

Síntese

O Brasil teve, ao longo de sua história, diversos textos constitucionais que refletiram o exercício do poder no período em que foram editados. Nos períodos ditatoriais, textos outorgados; nos períodos democráticos, foram textos promulgados.

O estudo deste capítulo nos mostra que houve pouca estabilidade em nossa história constitucional. A Constituição atual está vigente desde 1988, e algumas vezes se fala em reformas profundas em seu texto, ou mesmo em uma nova Constituição. Acreditamos que a atual Constituição é democrática e bem intencionada; se integralmente cumprida, levaria o país ao bem-estar completo almejado por todos os povos.

O futuro dirá se teremos uma nova Constituição a adicionar a este capítulo de história ou se daremos cumprimento integral ao atual texto, buscando o Estado de bem-estar social lá descrito.

Questões para revisão

1) Por que a Constituição Federal de 1988 foi chamada de Constituição Cidadã?

2) Por que atualmente há uma maior efetividade da Constituição, em comparação com o período ditatorial anteriormente vigente em nosso país?

3) Aponte qual a alternativa correta quanto à revisão constitucional de 1993:
a) Nessa revisão os parlamentares precisaram escolher entre monarquia ou república.
b) O texto constitucional previu que a revisão poderia ocorrer com o voto da maioria absoluta dos parlamentares.
c) Tal revisão não ocorreu, mantendo-se integralmente o texto original.
d) A revisão foi determinada pelo Presidente da República, que estava insatisfeito com a Constituição de 1988.

4) Sobre a Constituição Federal de 1988, é correto afirmar:
a) O texto buscou manter diversas práticas da época da ditadura militar.
b) É um texto curto, de poucos artigos, que não prevê muitos direitos e garantias fundamentais do cidadão.
c) Foi elaborado por uma assembléia especialmente eleita para este fim.
d) Foi alterada diversas vezes após sua entrada em vigência.

Questões para reflexão

1) Como visto neste capítulo, o Brasil já teve diversas constituições diferentes, sendo algumas democráticas e outras outorgadas.

Discuta sobre a utilidade e conveniência de se ter tantas alterações de Constituição. Seria isso saudável, já que a sociedade altera-se e, por isso, o texto constitucional também precisa ser alterado? Ou seria isso prejudicial, não permitindo a estabilidade das instituições e o seu desenvolvimento pelas sucessivas alterações?

II

Princípios fundamentais

Conteúdos do capítulo:

- » República e federação.
- » Estado democrático de direito.
- » Fundamentos e objetivos da República.
- » Exercício do poder e princípios nas relações internacionais.

O Título I da Constituição Federal denomina-se *Dos princípios fundamentais* porque basicamente contém os valores, as políticas e as diretrizes que estão no alicerce da República. Temos aqui, então, os verdadeiros pilares da fundação do Estado brasileiro, carregados de significação e peso para todas as decisões e leis que sejam deles derivadas. Ainda que se trate de um título curto (tem apenas quatro artigos, 1º ao 4º), é dos mais importantes na análise do direito constitucional brasileiro e do Estado, pois é repleto de conceitos e princípios que devem ser analisados para o bom conhecimento da Constituição. Vejamos os principais pontos contidos nesse título.

2.1 República e federação

O art. 1º da Constituição Federal inicia mencionando que o Brasil é uma República Federativa. Vejamos o que isso significa.

República indica a forma de governo, que, conforme ensina José Afonso da Silva (2008), refere-se à maneira como se dá a instituição do poder na sociedade e como ocorre a relação entre os governantes e os governados. Esse autor cita, ainda, Aristóteles, para quem existiam três formas de governo: a monarquia, governo de um só; a aristocracia, governo de poucos; e a república, governo em que o povo governa no seu próprio interesse.

Dessa forma, ser uma república significa que o Estado, o poder e tudo aquilo que é público pertencem ao povo. Daí o nome *res publica*, coisa pública. Na república, portanto, não se admite o governo de poucos ou de um só, a tirania, ou qualquer forma de exercício do poder que exclua o povo das decisões do Estado. Também não se admite a confusão da figura do governante com o Estado. Isso acontecia em Estados absolutistas, no passado, em que tudo que era público pertencia à pessoa do soberano e se confundia com ela. O povo era apenas súdito do Estado, o qual pertencia ao monarca ou aos aristocratas, que dele dispunham livremente.

Em uma república, portanto, ninguém é dono do poder e ninguém é dono do Estado. O poder é de todos, sem exceção e sem desigualdade. Os ocupantes de cargos dos Poderes Executivo, Judiciário e Legislativo não são membros de uma aristocracia que tem o Estado nas mãos para dele livre dispor; nada mais são que pessoas do povo, escolhidas, seja pelo voto, seja por outra forma determinada pela Constituição, para, temporariamente e na forma e nos limites que a

> *República indica a forma de governo e como ocorre a relação entre governantes e governados.*

Constituição estabelece, exercer esses poderes. Da mesma maneira que são colocados no poder, podem ser de lá tirados, por mecanismos previstos na própria legislação.

Assim, o Brasil adota como forma de governo a república, o que implica o exercício do poder pelo povo e a democracia. Da república decorrem uma série de princípios e garantias que serão adiante vistos, em especial aqueles que regem a Administração Pública e que se destinam a evitar que os ocupantes de cargos públicos tenham excessivo apego pelo poder que exercem ou que o utilizem com desvio daquilo que é determinado.

Além da indicação da forma de governo, o art. 1º traz também a forma de Estado, ao indicar que se trata de um república federativa. O Brasil possui território, onde exerce sua soberania e onde seu ordenamento jurídico é válido. De acordo com a forma como o poder é exercido, podem variar as formas de Estado. Ou seja, um Estado em que o poder não é subdividido em outros territórios é dito *u n i t á r i o*, e um Estado subdividido é chamado de *f e d e r a ç ã o* ou *f e d e r a l*.

O Brasil adota como forma de Estado a federação. Isso significa que o território é subdividido em diversos estados federados e que cada um deles possui determinada parcela de poder que exerce no âmbito dos seus territórios. Há o exercício do poder central, que é desempenhado pela União Federal, e há os poderes dos estados federados.

> *O Brasil adota como forma de governo a república, o que implica o exercício do poder pelo povo e a democracia.*

Nos Estados unitários não existe essa subdivisão do poder, havendo o exercício apenas pelo poder central. Seria como se o Brasil não tivesse estados, só a União e os municípios. Vários Estados adotam esse modelo, como a França e o Uruguai.

A forma de Estado resume-se a uma mera questão de conveniência, verificando-se de que forma ele melhor se organiza. Do Estado federado decorrem os chamados *entes da federação*. Hoje no Brasil temos quatro espécies de entes: a União Federal, os estados, os municípios e o Distrito Federal.

A pessoa jurídica de direito público interno, que é a face da República Federativa do Brasil, tem o nome de *União Federal*. A República Federativa do Brasil é uma pessoa jurídica de direito público *externo*, ou seja, relaciona-se com outras pessoas iguais a ela, que são outros Estados estrangeiros, outros países. Então, ela firma tratados com a República Argentina ou com os Estados Unidos da América, por exemplo, mas não atua internamente. Quem o faz é a União Federal, que é a sua face interna. Os *estados* compõem a federação, exercendo cada um determinada parcela de poder. Por sua vez, são divididos em *municípios*. O *Distrito Federal* é onde se situa Brasília. Não é estado nem município, algumas vezes tem a aparência de um ou de outro, mas possui regulamentação própria que o faz ser um ente da federação diferente dos demais.

A Constituição explicitamente diz que a República brasileira é indissolúvel; logo, nenhum dos entes da federação pode solicitar seu desligamento dela (pelo menos não pelas vias constitucionais existentes). O que vimos até agora está previsto no seguinte texto constitucional (art. 1º): "A República Federativa do Brasil, formada pela união indissolúvel dos Estados e Municípios e do Distrito Federal [...]".

2.2 Estado democrático de direito

O art. 1º ainda informa que a República Federativa do Brasil é um Estado democrático de direito. Vejamos o significado dessa expressão de suma importância.

Estado democrático é um Estado em que as decisões são tomadas com a participação de todos e pela vontade da maioria livre. Quando falamos em participação de todos, devemos considerar efetivamente todos, independentemente de classe social, nível educacional, sexo, cor, religião, raça ou qualquer outro traço que possa ser usado para distinguir dois seres humanos. Na democracia, a opinião de todos tem o mesmo valor, e a todos é dado o direito de manifestar sua maneira de pensar e seus argumentos que permitam que outros se filiem à sua corrente.

> *O Estado democrático de direito é um Estado em que as decisões são tomadas pela maioria.*

Em última análise, na democracia, prevalece a vontade da maioria. Mas essa maioria só se forma após se possibilitar a todos a livre manifestação do pensamento e o livre convencimento na hora da decisão.

Também é exercício da democracia a aceitação pela minoria derrotada da vontade da maioria. Dessa forma, quando a minoria decide praticar atos de violência ou de coerção a fim de tentar impor sua vontade, está sendo totalmente contrária ao que prega a democracia.

Por sua vez, o Estado de direito envolve a regência do Estado pelo direito. Isso acarreta a existência de uma Constituição democraticamente promulgada e o respeito a ela, bem como a observância de um ordenamento jurídico formulado com base no que diz essa Constituição e de acordo com ela. Ainda, pressupõe que o Estado, seus agentes e seus cidadãos sigam as leis e a Constituição e possuam métodos para fazer com que a lei seja seguida.

Concluímos, portanto, que o chamado *Estado democrático de direito* é um Estado em que as decisões são tomadas pela maioria, após a participação de todos, e essas decisões tomam a forma de leis e da Constituição, que têm observância obrigatória.

De nada adianta um Estado com leis outorgadas por um ditador, sem qualquer participação popular. É um Estado de direito, mas não democrático. Da mesma maneira, de nada adianta as decisões serem tomadas democraticamente, mas não serem posteriormente cumpridas; seria um Estado apenas democrático.

A Constituição, então, impõe que o Brasil é um Estado democrático de direito, e isso, em conjunto com a República, tem enorme significação para a elaboração e para a interpretação do direito. Esses valores têm especial consequência para a Administração Pública e para aqueles que exercem cargos públicos, pois lhes impõem os valores da república (do povo para o povo), da democracia (decisão da maioria com participação de todos) e do direito (observância da Constituição e do ordenamento jurídico) na prática de todos os seus atos no exercício de suas funções.

2.3 Fundamentos e objetivos da República

O Título I da Constituição Federal, além de estabelecer que o Brasil é uma República Federativa e um Estado democrático de direito, determina alguns fundamentos e objetivos denominados *princípios*, que devem ser observados pelo Estado. Antes de verificar o que dispõe o art. 1º, vamos analisar o que são princípios e qual sua diferença com relação às regras jurídicas.

▋ Princípios e regras

Princípios são prescrições normativas que estabelecem valores, políticas e objetivos que devem ser buscados por todo o sistema jurídico. Por serem valores, os princípios estão presentes em todos os casos e servem para a interpretação de todas as leis e normas.

Ao lado dos princípios, na teoria do direito, existem as regras, que são prescrições normativas específicas e determinadas, que se circunscrevem a um determinado caso e não se aplicam aos demais. Uma regra exclui a aplicação da outra, ou seja, diante de um caso concreto, deve-se escolher qual regra incide sobre o caso, e a solução por ela dada é que deve ser aplicada. Com os princípios é diferente, pois eles se aplicam a todos os casos ao mesmo tempo. Então, todos os princípios sempre se aplicam em conjunto.

As regras trazem sempre um comando específico, ou seja, elas preveem uma determinada situação, que, quando ocorre, impõe um determinado comportamento ou consequência. Dessa forma, há uma regra que diz que devemos parar o carro no sinal vermelho. Se assim não procedermos, poderemos receber uma multa de trânsito.

==Já os princípios são valores mais indeterminados, que indicam valores que a lei deve conter quando o legislador a criar e que devem ser levados em conta quando for interpretada.== Por exemplo, a Constituição impõe que a República tem como fundamento a dignidade da pessoa humana. Isso é um valor que todo o sistema jurídico deve observar, mas que não tem uma consequência direta e imediata pelo cumprimento ou descumprimento. Dessa forma, por exemplo, o legislador, quando for elaborar uma lei sobre trabalho, não pode cogitar que no conteúdo dessa lei haja dispositivo que ofenda a dignidade da pessoa humana, como a permissão para trabalho escravo. Da mesma maneira, uma lei dessa matéria que tenha interpretação dúbia, que possa levar à permissão de trabalho em condições degradantes, deve ser interpretada levando-se em conta a dignidade da pessoa humana.

Os princípios, em alguns casos, podem ser considerados até quando não escritos, ou seja, princípios que devem ser observados, mas que não encontram previsão em qualquer texto legal. Já as regras sempre estarão previstas em texto legal, seja constitucional, seja infraconstitucional. Os princípios, por serem mais gerais e aplicáveis a todo o sistema, são em menor número. As regras são mais numerosas porque são específicas e regulam as diversas situações que podemos encontrar.

▪ Fundamentos da República

Os fundamentos da República são princípios, ou seja, valores fundamentais ao Estado brasileiro. Trata-se daqueles valores que são a base de todo o sistema jurídico, dos quais não se pode abrir mão sob pena de descaracterizar o Estado.

> O art. 1º determina os seguintes fundamentos:
> I – a soberania;
> II – a cidadania;
> III – a dignidade da pessoa humana;
> IV – os valores sociais do trabalho e da livre-iniciativa;
> V – o pluralismo político.

A *soberania* é um valor de independência do Estado com relação aos demais Estados. Trata-se de uma determinação de existência de poder político supremo e independente, ou seja, internamente não há outro poder político superior e ele não tem relação com qualquer outro poder político (Silva, 2008, p. 104). Os fundamentos da República são princípios que são a base de todo o sistema jurídico, dos quais não se pode abrir mão sob pena de descaracterizar o Estado.

> *Os fundamentos da República são princípios que são a base de todo o sistema jurídico, dos quais não se pode abrir mão sob pena de descaracterizar o Estado.*

Cidadania tem relação com a questão do Estado democrático, examinado anteriormente. Vimos que a democracia pressupõe as decisões com participação de todos e pela maioria. Para poder participar dessas decisões e opinar sobre os assuntos, é necessário que se reconheça ao indivíduo a capacidade para tanto. Essa capacidade é chamada de *c i d a d a n i a*. Por isso, no direito, quando nos referimos ao cidadão, geralmente estamos tratando do eleitor, ou seja, daquele sujeito com direito a voto. O Estado brasileiro, então, observa esse valor como forma inclusive de possibilitar a democracia, reconhecendo amplamente a cidadania dos seus membros como capacidade de atuar na democracia.

A *dignidade da pessoa humana* é um dos valores mais importantes que qualquer Estado deve observar. Isso implica ao Estado a adoção de políticas sociais, leis contra discriminação e contra qualquer condição degradante que alguém possa sofrer. Aqui também encontramos a imposição ao Estado de buscar e manter uma vida digna para todos.

Os *valores sociais do trabalho e da livre-iniciativa* implicam, primeiramente, a observância dos direitos dos trabalhadores, preservando sua dignidade. Têm caráter mais socialista, todavia, ao mesmo tempo, impõem a observância da livre-iniciativa, de maneira que temos, então, um viés mais liberal/capitalista. Da leitura do dispositivo concluímos que o Brasil é um país capitalista, de não intervenção na economia, que preza a livre-iniciativa como forma de desenvolvimento econômico, mas que, ao mesmo tempo, limita isso tudo pelos valores sociais do trabalho e pela dignidade da pessoa humana. Temos, assim, um capitalismo temperado, ou seja, não se trata de livre-iniciativa total. Esta é limitada pelos direitos dos trabalhadores e pelos demais valores que devem ser observados.

Por último, mais um valor da democracia, que é o *pluralismo político*. Esse valor permite a existência das mais variadas correntes políticas, por mais diferentes que sejam, possibilitando-se o exercício de sua militância partidária e a participação nas eleições.

■ Objetivos da República

Ao lado dos fundamentos, que são valores que a República pretende manter e preservar, o art. 3º da Constituição traz uma série de objetivos fundamentais.

Aqui, temos uma certa diferença entre os fundamentos anteriormente vistos e os objetivos. Ambos podem ser classificados como princípios, quando entendemos estes como aquelas normas que expressam valores, com aplicabilidade em todos os casos e sem uma consequência imediata. Ao conjunto dessas normas damos o nome de *princípios em sentido lato*. Entre tais princípios, existem os princípios em sentido estrito, que são os fundamentos já examinados, ou seja, valores e pilares do sistema jurídico. Ao lado deles, temos as políticas, que também se traduzem em valores e seguem a mesma lógica dos princípios em sentido estrito, mas têm a destinação de realizar algo novo, ou seja, alterar a realidade, atingir um determinado objetivo.

Assim, os princípios em sentido estrito têm uma conotação de preservação dos valores classificados dessa maneira, ou seja, são questões que devem ser observadas em todo o sistema jurídico sob o fundamento de que, se não forem observadas, podem vir a ser destruídas. E isso a sociedade não quer. Por exemplo, quando a Constituição estabelece que a dignidade da pessoa humana é fundamento da República, quer-se preservar esse valor, ou seja, quer-se que ele seja respeitado e observado em todas as leis e por todas as pessoas e que ele continue a existir. Aqui, podemos ter um valor já alcançado pela sociedade e que se quer apenas proteger e preservar.

Já com as políticas, estabelece-se uma diretriz que deve ser buscada pelo Estado, ou seja, deve ser realizada uma mudança. As políticas, então, têm um sentido de mudança da realidade, enquanto os princípios, em sentido estrito, voltam-se mais à manutenção daquilo que já existe.

Os objetivos estabelecidos pela Constituição, desse modo, encaixam-se na categoria de políticas, já que são voltados mais a determinar que o Estado busque a realização dos valores lá firmados.

Isso não significa necessariamente que os objetivos são valores atualmente inexistentes que precisam ser buscados, da mesma maneira que os fundamentos não precisam significar que os valores lá previstos precisam apenas ser conservados. Pode ocorrer de um dos fundamentos da República ser desrespeitado e precisar ser novamente buscado, da mesma forma que os objetivos previstos podem já ter sido razoavelmente cumpridos e possa ser dada prioridade a outro aspecto. Os objetivos, entretanto, têm um caráter de busca contínua do Estado pela sua realização. Mesmo que já sejam razoavelmente atingidos, traduzem-se em questões que sempre podem ser aperfeiçoadas pelo Estado, de maneira que a Constituição determina sua contínua busca.

> Art. 3º Constituem objetivos fundamentais da República Federativa do Brasil:
> I – construir uma sociedade livre, justa e solidária;
> II – garantir o desenvolvimento nacional;
> III – erradicar a pobreza e a marginalização e reduzir as desigualdades sociais e regionais;
> IV – promover o bem de todos, sem preconceitos de origem, raça, sexo, cor, idade e quaisquer outras formas de discriminação.

Assim, vemos que o Estado brasileiro tem como objetivo *cons-truir uma sociedade livre, justa e solidária*. Aqui temos três valores importantes: liberdade, justiça e solidariedade. A liberdade se assemelha ao que já falamos sobre a democracia: preza-se a liberdade de expressão, de iniciativa, de locomoção etc. A regra, no Estado brasileiro, é que aquilo que não é proibido é permitido. Logo, possibilitam-se o livre-arbítrio e a autodeterminação de cada cidadão, que pode escolher como quer viver sua vida.

O valor da justiça nada tem a ver com o direito. Normalmente, a aplicação do direito é a forma de o Estado aplicar a justiça, já que a lei traduz aquilo que se entende justo em um Estado. Todavia, é possível haver direito injusto, ou seja, aquilo que está de acordo com o direito, mas contrário ao senso de justiça da maioria. Dessa forma, a Constituição aponta que a sociedade a ser buscada não é só aquela que observa o direito, mas também aquela que tem a sensação de justiça, que é diferente do mero cumprimento do direito.

A solidariedade é um valor que se fundamenta na cooperação entre os membros da sociedade. Nesse sentido, deve-se buscar uma forma em que os diversos setores da sociedade se ajudem, de maneira a evitar privações por parte de um setor que possa estar prejudicado. Esse valor contrapõe-se ao individualismo, em que cada indivíduo resolve seus problemas sem se preocupar com o próximo. A sociedade brasileira, então, deve buscar o contrário disso, ou seja, a solidariedade, a cooperação entre todos.

O objetivo de *garantir o desenvolvimento nacional* refere-se principalmente à economia, de modo que se deve buscar o desenvolvimento como forma de fazer o Estado crescer e prover todos dos meios necessários ao seu sustento. A Constituição não especifica que o desenvolvimento a ser buscado seja só o econômico, de maneira que podemos entender que o desenvolvimento deva ser buscado como um todo. O Estado, então, deve continuamente buscar a melhora do país, não só na economia, mas também em outros setores.

Depois, há o objetivo de *erradicar a pobreza e a marginalização e reduzir as desigualdades sociais e regionais*. Aqui temos o objetivo de promover o desenvolvimento econômico de forma a reduzir a pobreza, ao mesmo tempo que as pessoas que vivem nessa condição são inseridas na sociedade (erradicando a marginalização). Isso não ocorre apenas em relação a desenvolvimento econômico, mas também a educação, saúde, moradia digna, alimentação e outros elementos necessários a uma boa existência. Além dessa questão, deve-se observar que a erradicação da pobreza e da marginalização deve ocorrer também com a redução das desigualdades sociais, ou seja, a redução da diferença entre os mais ricos e os mais pobres, e a redução das desigualdades regionais, aproximando o desenvolvimento das diversas regiões brasileiras.

Por último, existe a determinação genérica de *promover o bem de todos, sem preconceitos ou discriminações*. Novamente, vislumbra-se ligação com a questão democrática, já que há a igualdade de todos perante o Estado. Quanto à promoção do bem comum, verifica-se aqui, em caráter geral, que o Estado brasileiro destina-se, basicamente, a promover o bem de sua população. Aliás, comumente se questiona se o Estado possui algum outro objetivo que não esse. Não há sentido na existência de um Estado que não existe para o bem de seus membros, uma vez que a própria noção de Estado pressupõe a reunião de esforços para que se possam alcançar resultados que cada indivíduo sozinho não conseguiria.

2.4 Titularidade do poder e tripartição

A Constituição é uma norma que, em grande parte, trata do poder e da regulamentação do seu exercício. Dessa forma, a Constituição Federal, logo no início, aponta quem é o titular do poder e qual é o fundamento do seu exercício.

> *A Constituição Federal aponta quem é o titular do poder e qual é o fundamento do seu exercício.*

O titular do poder é o povo. O art. 1º, parágrafo único, assim dispõe:

> Todo o poder emana do povo, que o exerce por meio de representantes eleitos ou diretamente, nos termos desta Constituição"

Como vimos anteriormente, tratando-se de uma democracia, é dado a todos o direito de manifestar sua opinião, bem como o direito de votar, de forma que prevaleça a vontade da maioria. Assim, do povo emana o poder; é sua fonte. Logo, ninguém é poder, como eram os reis absolutistas do passado. Atualmente, os chefes do Poder Executivo, os parlamentares e os membros do Judiciário nada mais são que exercentes de um poder, do qual é titular o povo. Esse exercício do poder sempre se dá em conformidade ao que o povo determina e no interesse do povo. A Constituição ainda estabelece como o povo exerce o seu poder.

Primeiramente, da forma mais comum, por meio de seus representantes. Assim, presidente da República, governadores, prefeitos, senadores, deputados federais e estaduais e vereadores, mediante um processo democrático, são eleitos representantes do povo a fim de que este exerça seu poder. O mandato a eles conferido depende única e exclusivamente da quantidade de votos dados pelos eleitores.

Eventuais problemas na representação, como os políticos que se elegem e esquecem o que pregaram, não podem ser imputados ao sistema democrático. Este funciona, pois, se os votos não aparecem, os políticos não se elegem. Essa questão é indiscutível. O que devemos ter em mente é que os problemas de representação devem-se, em grande parte, à falta de fiscalização do exercício do mandato por parte dos eleitores e ao fato de estes persistirem votando nos mesmos políticos que anteriormente falharam.

A Constituição, então, estabelece o exercício do poder por meio de representante, e esta é a forma mais frequente de exercício do poder. Seria inviável o exercício direto do poder pelo voto, pois a consulta de toda a população para a tomada de cada decisão inviabilizaria a administração do Estado. A Constituição prevê também, ao lado do exercício do poder pelos representantes, o exercício direto. Nesse caso, o povo diretamente toma as decisões políticas.

Os mecanismos de exercício direto do poder são o plebiscito, o referendo e a iniciativa popular. O *plebiscito* é uma consulta que antecede a tomada de decisão pelo parlamento, ou seja, primeiramente, questiona-se a população sobre o assunto para depois elaborar a legislação. O *referendo* é uma consulta posterior, ou seja, o parlamento toma uma decisão política e consulta a população para saber se ela aceita ou não aquela decisão. Só após a aceitação é que a decisão passa a ter validade. A iniciativa popular é a possibilidade de os eleitores, pela subscrição pública e observados critérios numéricos de assinaturas, proporem projetos de lei diretamente no Congresso Nacional.

O poder é exercido com funções divididas, de maneira que uma função possa fiscalizar a outra e evitar confusões. É a chamada *tripartição do poder,* prevista no art. 2º da Constituição: "São Poderes da União, independentes e harmônicos entre si, o Legislativo, o Executivo e o Judiciário".

A Constituição menciona que os poderes são independentes e harmônicos entre si. Isso significa que eles não interferem um no outro nem têm relação de hierarquia. São harmônicos porque devem funcionar de acordo com os princípios da Constituição e na busca dos mesmos ideais.

O *Poder Executivo* tem a função de cumprir a lei por meio do desenvolvimento de políticas públicas, prestação de serviços públicos, realização de obras públicas e tudo mais que seja necessário ao desenvolvimento do país.

O *Poder Legislativo* tem a função de inovar o ordenamento jurídico, criando normas jurídicas de observância obrigatória. Só ele pode criar leis. No âmbito federal, é exercido pelo Congresso Nacional, composto pela Câmara dos Deputados e pelo Senado Federal.

O *Poder Judiciário* tem a função de aplicar a lei e resolver litígios em definitivo. A ele são colocados os conflitos em que as partes discordam sobre a aplicação da lei, e, após o devido processo legal, é dada uma decisão definitiva e imutável. Só as decisões judiciais têm essas características. O órgão máximo da Justiça brasileira é o Supremo Tribunal Federal (STF).

2.5 Princípios nas relações internacionais

A Constituição, ainda, estabelece princípios a serem seguidos pelo Brasil em suas relações internacionais. Nos fundamentos e objetivos abordados anteriormente, vimos o que se quer do Estado internamente, a construção do Estado para dentro. Nos princípios internacionais, temos o que se quer do Estado para fora, ou seja, como a Constituição determina que o Brasil se comporte em relação aos demais países e em situações de organizações internacionais. Assim estabelece a Constituição:

> Art. 4º A República Federativa do Brasil rege-se nas suas relações internacionais pelos seguintes princípios:
> I – independência nacional;
> II – prevalência dos direitos humanos;
> III – autodeterminação dos povos;
> IV – não intervenção;
> V – igualdade entre os Estados;
> VI – defesa da paz;
> VII – solução pacífica dos conflitos;
> VIII – repúdio ao terrorismo e ao racismo;
> IX – cooperação entre os povos para o progresso da humanidade;

> X – concessão de asilo político.
>
> Parágrafo único. A República Federativa do Brasil buscará a integração econômica, política, social e cultural dos povos da América Latina, visando à formação de uma comunidade latino-americana de nações.

Conforme podemos ver, a orientação da Constituição é pacifista e de não intervenção quanto aos demais Estados. Também enfatiza a questão da igualdade entre os países, assim como o respeito aos direitos humanos internacionais. Por último, o parágrafo único indica ao Estado brasileiro que dê especial atenção à América Latina, promovendo a integração da região. Esse dispositivo pode ser interpretado como indicação ao Brasil para que tome seu papel de líder da região, como forma de promover o seu desenvolvimento e sua integração.

Síntese

A questão dos princípios fundamentais e os demais elementos deste capítulo são de extrema importância não só para a compreensão da Constituição de 1988, mas também para o entendimento das regras e normas que regem o Estado brasileiro.

Ao compreendermos os princípios do Estado, passamos a entender em qual sentido deve o direito ser aplicado e criado. Os valores por eles traduzidos devem ser sempre respeitados pelo legislador, na elaboração das leis, e pelos poderes Executivo e Judiciário, no cumprimento e aplicação das normas.

Consultando a legislação

Preâmbulo

Nós, representantes do povo brasileiro, reunidos em Assembleia Nacional Constituinte para instituir um Estado Democrático, destinado a assegurar o exercício dos direitos sociais e individuais, a liberdade, a segurança, o bem-estar, o desenvolvimento, a igualdade e a justiça como valores supremos de uma sociedade fraterna, pluralista e sem preconceitos, fundada na harmonia social e comprometida, na ordem interna e internacional, com a solução pacífica das controvérsias, promulgamos, sob a proteção de Deus, a seguinte Constituição da República Federativa do Brasil.

Título I

Dos Princípios Fundamentais

Art. 1º A República Federativa do Brasil, formada pela união indissolúvel dos Estados e Municípios e do Distrito Federal, constitui-se em Estado Democrático de Direito e tem como fundamentos:

I – a soberania;

II – a cidadania;

III – a dignidade da pessoa humana;

IV – os valores sociais do trabalho e da livre-iniciativa;

V – o pluralismo político.

Parágrafo único. Todo o poder emana do povo, que o exerce por meio de representantes eleitos ou diretamente, nos termos desta Constituição.

Art. 2º São Poderes da União, independentes e harmônicos entre si, o Legislativo, o Executivo e o Judiciário.

Art. 3º Constituem objetivos fundamentais da República Federativa do Brasil:

I – construir uma sociedade livre, justa e solidária;

II – garantir o desenvolvimento nacional;

III – erradicar a pobreza e a marginalização e reduzir as desigualdades sociais e regionais;

IV – promover o bem de todos, sem preconceitos de origem, raça, sexo, cor, idade e quaisquer outras formas de discriminação.

Art. 4º A República Federativa do Brasil rege-se nas suas relações internacionais pelos seguintes princípios:

I – independência nacional;
II – prevalência dos direitos humanos;
III – autodeterminação dos povos;
IV – não intervenção;
V – igualdade entre os Estados;
VI – defesa da paz;
VII – solução pacífica dos conflitos;
VIII – repúdio ao terrorismo e ao racismo;
IX – cooperação entre os povos para o progresso da humanidade;
X – concessão de asilo político.
Parágrafo único. A República Federativa do Brasil buscará a integração econômica, política, social e cultural dos povos da América Latina, visando à formação de uma comunidade latino-americana de nações.

Questões para revisão

1) Explique brevemente o que é um Estado Democrático de Direito.

2) De quem é o poder no Brasil? Como é exercido?

3) Sobre os três poderes, é correto afirmar:
a) O Poder Legislativo tem a função de criar as leis e julgar os conflitos na sua aplicação.
b) O Poder Executivo tem função principal de inovar o ordenamento jurídico, através da edição de medidas provisórias.
c) O Poder Moderador ainda existe no Brasil, e é exercido pelo presidente da República em casos específicos.
d) O Poder Judiciário tem a função de resolver em definitivo os conflitos a ele submetidos.

4) Quanto à República e Federação, escolha a alternativa correta:
a) República é quando o poder é exercido por um órgão central, sem repartição entre outros entes.
b) Federação é a hipótese em que o poder é repartido dentro do Estado, sendo exercido por diversos entes federados.

c) São entes da federação no Brasil: União, estados e municípios.

d) O Brasil atualmente é uma monarquia, pois se considera o Presidente da República um monarca.

5) Sobre os princípios nas relações internacionais:

a) O Brasil adota como princípio a promoção da guerra como forma de resolução de conflitos.

b) Apesar de estar localizado na América Latina, a Constituição nada menciona quanto às relações com os Estados vizinhos.

c) O Brasil tem como princípio a não intervenção em outros países.

d) A Constituição aponta que alguns Estados são superiores, devendo o Brasil manter relações apenas com estes.

Questão para reflexão

1) A Constituição aponta que é objetivo do Estado brasileiro a erradicação da pobreza e a redução das desigualdades sociais e regionais.

   Reflita sobre estes objetivos, analisando se os mesmos já foram atingidos, e se não foram, quais as atitudes para que sejam. Também discuta se o Estado atualmente tem tomado iniciativas a fim de atingir estes objetivos.

2) Já há alguns anos o Poder Executivo Federal vem editando dezenas de medidas provisórias, sendo criticado por tentar governar o país através deste instrumento.

   Reflita sobre de que forma isto afeta a tripartição dos poderes, já que a edição de novas leis seria tarefa do Poder Legislativo. Analise também porque o Executivo vem tomando para si essa tarefa que deveria ser desempenhada pelo Legislativo.

3) A Constituição prevê que o poder pode ser exercido diretamente pelo povo. Todavia verificamos que poucas vezes em

nosso país ocorrem plebiscitos ou referendos, que caracterizariam este exercício direito.

Analise quais as razões que essas consultas não ocorrem com mais frequência, aproveitando já para analisar a qualidade da democracia representativa existente no Brasil.

III

Direitos e garantias fundamentais

Conteúdos do capítulo:

» Direitos e deveres individuais e coletivos.
» Direitos sociais.
» Nacionalidade e direitos políticos.

No Título II da Constituição Federal estão os chamados *direitos e garantias fundamentais*. Esse título subdivide-se em cinco capítulos (direitos e deveres individuais e coletivos, direitos sociais, nacionalidade, direitos políticos e partidos políticos) e engloba do art. 5º ao 17º.

Esses títulos iniciais da Constituição são dos mais importantes porque tratam justamente daquelas matérias materialmente constitucionais. Assim, as questões relacionadas aos fundamentos do Estado, sua organização, a forma de exercício do poder e a organização do poder são matérias que, quando presentes, caracterizam o texto em que se inserem como constitucional, independentemente da forma que ele tenha.

Os direitos e garantias fundamentais estão nesse grupo de matérias materialmente constitucionais. Aqui é que encontramos a garantia, pelo Estado, dos direitos mais fundamentais e básicos do cidadão, como a vida, a liberdade, a integridade física, a propriedade, entre outros.

Em um regime jurídico, todos os indivíduos possuem direitos e deveres. Os direitos referem-se à titularidade de algum bem, à possibilidade de se exigir uma determinada prestação ou à garantia de que se respeite algo que é seu, algum bem ou direito. A cada direito corresponde a contraprestação de um dever de outra pessoa. Ou seja, o direito de alguém sempre está conectado ao dever de outrem de respeitá-lo ou atendê-lo.

Dessa forma, quando a Constituição estabelece os direitos e as garantias fundamentais, em grande parte ela dá a cada indivíduo uma série de direitos necessários à sua existência, ao mesmo tempo em que impõe ao Estado o dever de atender e respeitar esses direitos. O fundamento de existência do Estado, em grande parte, deriva da garantia de preservação desses direitos pelo Estado ao cidadão. Quando vigorava a lei do mais forte, antes da existência do Estado, a pessoa tinha liberdade, mas não tinha direitos. A vantagem de se viver em um Estado é a garantia, dada por ele, de que seus direitos fundamentais serão respeitados e preservados, evitando a lei do mais forte. Os direitos garantidos pela Constituição, então, em grande parte justificam a existência do Estado.

Os direitos individuais também significam que os demais indivíduos da sociedade devem respeitar o direito do outro, de maneira que os direitos fundamentais também se refletem em dever quanto ao direito alheio.

O Título II trata genericamente dos direitos e garantias fundamentais, enquanto os capítulos discorrem especificamente dos grupos de direitos, subdividindo-os. Examinaremos agora cada uma dessas divisões separadamente.

3.1 Direitos e deveres individuais e coletivos

De acordo com José Afonso da Silva (2008, p. 191) direitos individuais são aqueles concebidos como "direitos fundamentais do homem-indivíduo, que são aqueles que reconhecem autonomia aos particulares, garantindo a iniciativa e independência aos indivíduos diante dos demais membros da sociedade política e do próprio Estado".

São direitos, portanto, que impedem abusos do Estado que levem a uma diminuição da autonomia e da liberdade de ação do homem. O Estado, para desempenhar suas atividades e pela natureza de sua formação, tem uma posição privilegiada com relação aos indivíduos da sociedade. Como vimos anteriormente, só ele pode criar leis, só ele pode decidir os litígios em definitivo e só ele pode utilizar legalmente a força.

Esses privilégios estatais, que, no direito administrativo, chamam-se *prerrogativas*, permitem que o Estado mantenha a ordem e que possa realizar suas atividades e manter sua unidade. Isso tudo é legitimado, nos Estados democráticos, pela maneira como eles são formados e pelo exercício do poder. Assim, em um Estado democrático, todos os indivíduos concordam com sua existência e todos podem opinar na elaboração de suas leis e na escolha de seus governantes, de maneira que as prerrogativas estatais, na verdade, são concedidas pelos próprios cidadãos. Não se trata de uma imposição de um poder central (como em uma ditadura), mas, sim, de um processo de livre escolha da sociedade em que se decide pela concessão de poderes especiais ao Estado.

Esses poderes especiais, todavia, só podem ser utilizados na forma e nos limites dados pela Constituição e pela lei. Submetem-se à estrita disciplina do direito. Diz-se, então, que as prerrogativas estão relacionadas com sujeições. No direito administrativo, costuma-se dizer que o regime da Administração Pública é de prerrogativas e sujeições.

Dessa forma, o exercício das prerrogativas só pode acontecer com respeito às sujeições. Estas determinam as formas e os limites do exercício daquelas. Por exemplo, a polícia possui a prerrogativa do uso da força para o controle de uma multidão. Por isso, dispõe da possibilidade de fazer uso de meios repressivos contra pessoas, quando se fizer necessário restaurar a ordem. Entretanto, essa prerrogativa não é ilimitada, ou seja, a polícia não pode utilizar a força da maneira que bem entender e sem limites. Não pode, para controlar uma multidão desarmada, atirar com armas de fogo. Portanto, as sujeições impõem limites ao poder do Estado, de maneira que este seja usado apenas quando e na medida em que for necessário.

Uma das principais sujeições que limitam o poder do Estado é justamente sobre os direitos individuais afirmados pela Constituição. O Estado, então, não pode ofender esses direitos sob o pretexto de exercer sua atividade. Por exemplo, a vedação de cumprimento de mandados de prisão, busca e apreensão durante a noite decorre diretamente do texto constitucional (art. 5º, XI). Mesmo que se descubra a localização da residência de um conhecido criminoso e se obtenha um mandado de prisão no meio da noite, a polícia só poderá cumpri-lo quando o sol nascer, em virtude do que determina a Constituição. O Estado, para cumprir com sua atividade (prender o criminoso), não pode ignorar a determinação constitucional de que os mandados judiciais que permitem a invasão de uma casa só podem ser cumpridos durante o dia.

Esses direitos não se limitam apenas aos dispostos no Título II. A própria Constituição traz, em outros trechos, direitos individuais e eles também podem decorrer de princípios e regras contidos em outras partes da Constituição e tratados internacionais. A

Constituição ainda determina que os direitos individuais e coletivos têm aplicabilidade imediata, não dependendo de lei regulamentadora para serem aplicados.

Na Constituição de 1988, os direitos individuais são previstos no art. 5º e em seus 78 incisos. Devemos apontar, ainda, que o art. 5º é bastante abrangente quanto à sua aplicabilidade, já que os direitos nele previstos são aplicáveis não só para os brasileiros, como também para os estrangeiros que estejam no país. Trata-se de um grande rol de direitos e garantias constitucionais que deveria ser lido e conhecido por todos os brasileiros como forma de melhor exigir do Estado o desenvolvimento de suas atividades e coibir abusos. Veremos, a seguir, os principais direitos previstos no art. 5º, agrupados de acordo com o tema tratado.

Igualdade

Um dos valores mais destacados pela Constituição e que norteia todos os direitos e garantias expressos no art. 5º é o da igualdade. O *caput* do art. 5º assim dispõe:

> "Todos são iguais perante a lei, sem distinção de qualquer natureza [...]".

Por esse dispositivo, não se admite aplicação diferente da lei a pessoas em situações idênticas. A própria lei pode criar distinções entre as pessoas em função de alguma característica delas, mas sempre fundamentada na própria situação da lei.

Assim, a mera desigualdade entre as pessoas, seja por meio da lei, seja por sua aplicação, é vedada. Na lei, a desigualdade pode se traduzir em meros privilégios concedidos a um grupo ou pessoas específicas, mas que não encontram justificativa.

Nesse sentido, é possível, por exemplo, haver uma norma que determine uma altura mínima para o ingresso na polícia militar. O mesmo ocorre com uma norma que determine uma aptidão física mínima dos candidatos. Uma norma assim acaba distinguindo as pessoas entre aptas e não aptas a ingressar na polícia, mas essa distinção é justificada em razão do trabalho desenvolvido pelo profissional dessa área. Uma força policial composta por pessoas de baixa estatura ou sem condições físicas para correr, por exemplo, não cumpriria com a função da polícia de combate ao crime.

Já uma norma, por exemplo, que limite o ingresso de pessoas no quadro de policiais em função da cor da pele é discriminatória, pois, se alguém prova que é apto fisicamente a ser policial, a cor de sua pele é irrelevante para o trabalho realizado pela polícia.

Por outro lado, se pesquisadores de uma entidade pública decidem pesquisar uma doença que atinge pessoas de pele negra, por exemplo, é justificável uma norma que limite a seleção de candidatos a participar do estudo em função da cor da pele. Seria inútil um processo de seleção de candidatos, nesse caso, em que se permitisse o ingresso de pessoas de cor diferente da negra, já que o estudo seria comprometido.

Assim, a igualdade deve ser analisada no caso concreto e está relacionada ao objetivo que se quer atingir com a norma. Em alguns casos, é plenamente coerente com o objetivo desejado estabelecer alguma distinção. O que se repudia é a desigualdade não justificada, aquela sem motivação. Estas geralmente são chamadas de *privilégios* ou *perseguições*, pois premiam ou prejudicam determinadas pessoas sem qualquer justificativa plausível.

Quanto à aplicação da lei, também deve esta ser igualitária. Se a lei não prevê critério de distinção, não é dado a quem aplica inventar diferenciações entre os sujeitos atingidos por sua incidência. Logo no inciso I do art. 5º, a Constituição afirma a igualdade entre homens e mulheres:

> "Homens e mulheres são iguais em direitos e obrigações, nos termos desta Constituição".

Essa disposição impôs a igualdade entre os gêneros, determinando que homens e mulheres têm os mesmos direitos e obrigações. A partir desse dispositivo, acabaram-se em definitivo as diferenças quanto à chefia da família e a condição de inferioridade em que era colocada a mulher casada. Por outro lado, também, impôs à mulher os mesmos deveres do homem. Dessa forma, da mesma maneira que não mais existe a figura do homem como cabeça do casal, também não é mais dele unicamente a responsabilidade pelo sustento da família, cabendo a ambos essa tarefa.

As únicas diferenças permitidas entre homens e mulheres são aquelas previstas na própria Constituição, como a exigência, dirigida às mulheres, de idade e tempo de contribuição menores para a aposentadoria do que os exigidos dos homens.

■ Legalidade

Como visto anteriormente, o Brasil é um Estado democrático de direito e, por isso, submete-se à Constituição e às leis. O art. 5º, II, nesse sentido, impõe o chamado *princípio da legalidade*, que é também um direito fundamental do particular. Está assim formulado:

> "ninguém será obrigado a fazer ou deixar de fazer alguma coisa senão em virtude de lei"

A formulação do princípio não poderia ser mais clara e simples. Não há termos jurídicos complexos ou figuras de linguagem rebuscadas. O dispositivo fala em *coisa*, não no sentido jurídico, que usualmente designa um bem ou objeto, mas no sentido de situação, ato ou condição da pessoa. O inciso poderia muito bem dizer "fazer ou deixar de fazer algo senão", mas optou pela solução mais coloquial possível, ao utilizar a expressão *c o i s a* em sua acepção mais popular.

Por esse dispositivo, há uma expressa determinação derivada do Estado democrático de direito, ou seja, todas as obrigações do indivíduo devem estar necessariamente contidas em lei democraticamente aprovada pelo Poder Legislativo de acordo com o processo determinado pela Constituição.

Assim, qualquer limitação a direito ou liberdade, qualquer obrigação imposta a indivíduo só serão válidas se previstas em lei. Pela legalidade, determina-se ao cidadão que "tudo que não é proibido, é permitido", ou seja, não havendo lei proibindo ou obrigando, nada mais pode proibir ou obrigar.

Esse dispositivo é especialmente útil como limitador do poder do Estado perante o indivíduo. O Estado deve se submeter a rígido regime de legalidade, de maneira que qualquer atuação que extrapole o determinado pela lei não só fere a própria lei como fere a Constituição. A legalidade não se aplica somente entre particulares e Estado, mas também entre particulares, já que, como vimos, estamos em um Estado que se submete completamente a um regime de direito. Por exemplo, em vários estabelecimentos comerciais, atualmente, não se aceitam mais cheques, devido aos problemas dessa modalidade de pagamento. Assim, em vários desses locais, podemos ler a seguinte placa no caixa: "Não aceitamos cheques. CF, art. 5º, II".

O fundamento apontado para essa negativa é o princípio da legalidade do art. 5º que estamos vendo agora. E isso está correto. De acordo com a lei brasileira, a única forma de pagamento que deve ser obrigatoriamente aceita é o dinheiro. É proibido a um estabelecimento comercial, por exemplo, impedir o pagamento em dinheiro e só aceitar cartão de crédito. Todavia, se o estabelecimento decide aceitar apenas dinheiro, nada o impede de que assim faça, já que a lei estipula apenas o dinheiro como forma de pagamento obrigatória.

Assim, não havendo lei que obrigue o estabelecimento a aceitar cheque e como "ninguém será obrigado a fazer [...] alguma coisa senão em virtude de lei", então ele não está obrigado a aceitar cheque, de maneira que o cliente que desejar pagar dessa forma não pode impor esse desejo.

▪ Direito à vida

Outro direito apontado como inviolável pela Constituição é a vida. Ou seja, o Estado deve protegê-la e está impedido de tirá-la. Com a vida, preserva-se o direito à integridade física e o direito à existência. Todos esses direitos suscitam discussões acaloradas acerca de pesquisas com células tronco, eutanásia e outros temas controvertidos de que não trataremos aqui.

No Brasil, a Constituição Federal determina como direito fundamental que não haverá pena de morte, salvo em caso de guerra declarada (art. 5º, XLVII, "a"). Assim, qualquer proposta para instituição de pena de morte no Brasil (geralmente motivada por algum crime bárbaro que o Estado não conseguiu evitar com medidas simples), a nosso ver, é descabida, pois esbarra na cláusula pétrea da Constituição Federal que impede esse tipo de pena. O mesmo ocorre com a prisão perpétua (art. 5º, XLVII, "b"). Para se permitirem essas penas em nosso país, só com a elaboração de nova Constituição, retirando-se esses dispositivos.

Um direito apontado como inviolável pela Constituição é a vida.

A pena de morte, para nós, constitui-se em exceção ao direito à vida, pois permite ao Estado, após o devido processo legal, matar um cidadão. Sem entrar na discussão em torno do fato de alguns crimes merecerem ou não a pena de morte, há um problema mais grave que, ainda a nosso ver, impede sua aplicação: o devido processo legal não é infalível.

Mesmo nos países mais avançados nas práticas de investigação forense, ocorrem erros que levam inocentes à cadeia e às vezes à pena de morte. Assim, legalmente, por meio do devido processo legal, é possível a execução de um inocente. Constatado posteriormente o erro, é impossível desfazer a pena, já que o executado está morto. O preso injustamente pode ainda ser libertado e indenizado pelo tempo em que ficou preso, mas pelo morto nada mais se pode fazer para reparar o erro.

Por derradeiro, um argumento que nos parece fundamental é o fato de que a pena de morte se constitui em uma exceção ao direito à vida de *t o d o s* os cidadãos do Estado. Assim, quando nós pedimos a instituição da pena de morte, na verdade, estamos pedindo que se permita ao Estado a possibilidade de nos executar, após o devido processo legal. Ou seja, estamos renunciando ao nosso direito à vida, que, atualmente, no Brasil, é absoluto. Alguns podem argumentar que não são criminosos e que nunca estarão sujeitos à pena de morte. Mas, como dissemos, o devido processo legal é falível e condena inocentes. Então, o que impede que um dia, por algum erro, sejamos condenados a perder a vida?

No Brasil, o direito à vida é um dos únicos direitos quase absolutos, ou seja, daqueles direitos que o Estado não pode limitar ou ferir em hipótese nenhuma. O *q u a s e* só está presente porque se permite a pena de morte em crimes praticados por militares em tempos de guerra declarada, sendo esta a única exceção ao direito à vida.

Fora essa exceção, não existe mais qualquer outra a esse direito. A pena de morte seria uma grave exceção a ele, de maneira que, em nossa opinião, sua adoção importa mais em prejuízos para os cidadãos em geral, que renunciam à parte do seu direito, do que em eventual benefício como medida de combate à criminalidade.

▌ Direito à liberdade

A Constituição consagra genericamente o direito à liberdade. Por esse princípio, preza-se esse valor, dando-se importância à autodeterminação do indivíduo, à liberdade de escolha e ao livre-arbítrio.

Nesse sentido, o indivíduo é livre para buscar seus caminhos, podendo agir da maneira como achar melhor na busca da sua felicidade. No Brasil, portanto, não se admite a planificação típica de regimes totalitários, em que o Estado decide o que é melhor para os cidadãos, escolhendo suas profissões e outros aspectos de sua vida.

Ainda, a liberdade importa no direito de ir e vir, ou seja, a livre circulação pelos espaços públicos, bem como no direito de deixar o país ou a ele retornar quando desejar. Esses direitos são a regra, e as limitações constituem-se em exceções, como a prisão (privativa de liberdade) ou o impedimento de deixar o país.

▌ Liberdade de expressão e direito à informação

A liberdade de expressão é um direito típico dos Estados democráticos, pois permite a qualquer pessoa manifestar seu pensamento, mesmo que seja contrário ao dominante. Aliás, permitir a manifestação de ideias minoritárias é salutar, pois diversas ideias que, em um determinado momento, eram de uma minoria, quando devidamente difundidas, passaram a ser o pensamento corrente da maioria. Se houvesse algum impedimento à difusão de tais ideias quando estas contrariavam o senso comum, não seria dada a elas a oportunidade de serem adotadas pela maioria. Assim é que evolui a sociedade, já que a estratificação de um pensamento apenas congela os conceitos no tempo.

Foi o que ocorreu, por exemplo, com o voto feminino. No mundo inteiro, tal ideia parecia absurda por um bom tempo, sendo defendida por uma minoria. Com a sua difusão, foi ganhando adeptos até que estes se tornaram a maioria e a impuseram nos ordenamentos jurídicos. Hoje não se admite um regime jurídico avançado que não reconheça às mulheres voto igual ao dos homens.

No nosso sistema, todavia, o exercício desse direito importa em responsabilidade a quem difunde uma ideia, pois a Constituição assim dispõe:

> IV – é livre a manifestação do pensamento, sendo vedado o anonimato;
> V – é assegurado o direito de resposta, proporcional ao agravo, além da indenização por dano material, moral ou à imagem;

Ou seja, a manifestação do pensamento é livre, desde que a pessoa se identifique. Não é possível, portanto, a difusão irresponsável de pensamentos e opiniões; quem lança uma ideia deve estar disposto a vincular seu nome a ela, de maneira que, se representar uma ofensa ou um prejuízo a alguém, possa essa pessoa se insurgir contra quem a prejudicou.

O inciso V ainda menciona direito de resposta e indenização pelo dano causado. Dessa forma, a liberdade de manifestação importa na responsabilidade de quem a exerce, devendo responder por eventuais prejuízos que venha a causar e permitir a difusão da opinião contrária.

Ainda relacionado com a livre expressão está o direito de informação. Todos têm o direito de obter do Estado e de bancos de dados de caráter público informações sobre si, bem como solicitar a correção dos dados em caso de erro.

■ Direito à segurança

O direito à segurança, à primeira vista, refere-se apenas à segurança pública, ou seja, o direito do cidadão de ter do Estado proteção contra crimes. Estudando melhor o direito, logo verificamos que, na verdade, a segurança que o Estado deve garantir é mais que a mera proteção contra crimes, é também a segurança como estabilidade das instituições. Trata-se, então, da previsibilidade do Estado, ou seja, a não surpresa do cidadão quanto aos comportamentos e às políticas adotadas. Essa segurança e essa estabilidade permitem um melhor planejamento e uma vida com menos sobressaltos.

A segurança a ser garantida pelo Estado envolve, então, a garantia da manutenção das instituições democráticas, o bom funcionamento da Justiça e dos serviços públicos, a observância das leis e a preservação do Poder Legislativo como fonte das inovações legislativas.

Para o bom desenvolvimento de um país, a segurança é muito importante, pois impõe uma constância na vida. Isso permite o planejamento e a previsão dos resultados, de maneira que se pode, no presente, lançar os alicerces daquilo que se quer para o futuro. Para isso, é necessário que o futuro esteja razoavelmente garantido e seja minimamente previsível.

▌Direito à propriedade

O direito à propriedade é daqueles constantes do *caput* do art. 5º, devendo ser preservado pelo Estado. Esse direito assegura aos cidadãos a possibilidade de ser proprietário de bens e direitos, permitindo a acumulação de patrimônio. O direito de propriedade sobre bens deve ser garantido pelo Estado. O contrário seria próprio de um regime comunista, e, como vimos, o Brasil optou pelo capitalismo logo no início do texto da Constituição, de maneira que a propriedade privada é fundamental para que esse regime funcione a contento.

Mas, como também já vimos, o capitalismo no Brasil não é daqueles mais liberais, havendo algumas restrições. O mesmo ocorre com a propriedade. Antigamente, esse direito era absoluto, ou seja, o proprietário poderia livremente gozar e dispor do bem da maneira que melhor lhe aprouvesse. Por exemplo, o proprietário rural poderia deixar a propriedade sem uso, aguardando apenas a valorização da terra. Atualmente, o direito à propriedade, para gozar da proteção do Estado, deve atender à chamada *função social da propriedade*, conforme determina a Constituição:

> XXII – é garantido o direito de propriedade;
> XXIII – a propriedade atenderá a sua função social;

O problema reside em conceituar a função social da propriedade, já que a Constituição não especifica. Entende-se que se trata do bom uso da propriedade, ou seja, o uso racional, moral e legal. Assim, o chamado *latifúndio improdutivo*, que nada mais é que a terra não utilizada ou subutilizada que aguarda a valorização, não cumpre com sua função social. Permite-se, portanto, sua desapropriação para fins de reforma agrária, de maneira que se dê à terra uso de acordo com sua função social.

O mesmo ocorre com os terrenos urbanos desocupados. Nessas hipóteses, permite-se até uma cobrança maior de IPTU como forma de desestimular que os terrenos fiquem desocupados. Atualmente, tem-se entendido que a propriedade que descumpre a legislação ambiental também descumpre com a função social. De igual forma acontece com as propriedades nas quais se encontra trabalho escravo ou em condições degradantes.

Acesso ao Judiciário e unicidade da jurisdição

A Constituição permitiu amplo acesso ao Poder Judiciário:

> "XXXV – a lei não excluirá da apreciação do Poder Judiciário lesão ou ameaça a direito".

Esse dispositivo determina que todas as lesões ou ameaças a direito podem ser levadas ao Poder Judiciário, solicitando sua tutela. Ou seja, qualquer pessoa que entenda que tem seus direitos ameaçados ou lesados pode acionar o Judiciário a fim de obter proteção a eles.

Impede-se, portanto, que lei ou outra norma obste o livre acesso ao Judiciário. Não se admite, pois, uma regra que estipule que em determinada situação só podem ser interpostos recursos administrativos, impedindo-se o acesso ao Judiciário.

Ainda, essa disposição aponta para a chamada *unidade de jurisdição* que existe em nosso direito. Em alguns países (por exemplo, França), os litígios entre cidadão e Poder Público são dirimidos por meio de recursos administrativos interpostos para órgãos administrativos que não pertencem ao Poder Judiciário. A decisão desses órgãos é definitiva e não pode ser revista pelo Judiciário.

Entre nós isso é impossível. Aqui também há recursos administrativos a órgãos do próprio Poder Público. Todavia, a decisão obtida nesses órgãos que seja contrária ao interesse do cidadão pode ser submetida ao Poder Judiciário, que pode revê-la. A decisão definitiva sobre o assunto só cabe ao Judiciário, que, no Brasil, é o único que emite decisões que fazem coisa julgada, ou seja, tornam-se imutáveis. Diz-se, então, que a jurisdição é única, pois apenas o Poder Judiciário tem a competência para isso.

Ainda em relação a esse assunto, a Constituição assim dispõe:

> XXXVI – a lei não prejudicará o direito adquirido, o ato jurídico perfeito e a coisa julgada;

O direito adquirido é o direito já obtido pela pessoa, ou seja, existe quando já se cumpriram os requisitos legais para a aquisição do direito. Nessa hipótese, a lei posterior não pode atingir o direito já adquirido. O ato jurídico perfeito é aquele ato, contrato, negócio jurídico realizado e concluído de acordo com os critérios de uma determinada lei. A lei posterior que altere os critérios não pode afetar esse ato já concluído. Por último, a coisa julgada é a decisão judicial definitiva, transitada em julgado, contra a qual não cabe mais recurso. Essa decisão ganha um caráter de imutabilidade, fazendo lei entre as partes do processo em que foi proferida, de maneira que a lei posterior que eventualmente contrarie a decisão que fez coisa julgada não pode afetá-la.

■ Ampla defesa e contraditório

Outro direito fundamental muito importante é o da ampla defesa e contraditório:

> LV – aos litigantes, em processo judicial ou administrativo, e aos acusados em geral são assegurados o contraditório e ampla defesa, com os meios e recursos a ela inerentes;

Essa garantia determina que qualquer pessoa, quando acusada ou quando participa como parte em processo administrativo ou judicial, deva ter assegurada a oportunidade de defesa e de resposta do alegado pela outra parte. Daqui também decorre o direito aos recursos contra decisões que a prejudiquem e à revisão destas por outro órgão decisório.

Essa garantia é assegurada tanto no processo judicial quanto no administrativo; logo, os processos da Administração Pública que acarretem prejuízo a cidadãos e servidores devem oportunizar aos possíveis prejudicados a defesa e o contraditório, que é a resposta a alegações da outra parte. O mesmo ocorre em penalidades impostas pela Administração (multas de trânsito, por exemplo), que só podem ser impostas após a defesa do prejudicado.

A decisão sem a oportunidade de defesa acarreta a sua nulidade. A aplicação da penalidade torna-se mais legítima e justa quando é dado ao acusado o direito de se defender. Por exemplo, alguém acusado de um crime, se for condenado sem defesa, sempre poderá alegar perseguição ou erro. Já se há defesa eficiente e ele é mesmo assim condenado, a punição torna-se muito mais legítima, de maneira a evitar dúvidas quanto à penalidade imposta pelo Estado. Ao lado disso, existe a garantia do devido processo legal, que impõe ao Estado, quando processa o cidadão, a exigência de que se observe o processo previsto em lei, cumprindo com as formalidades necessárias para que o resultado final seja válido.

3.2 Direitos sociais

No Título II, há ainda a previsão dos chamados *direitos sociais*. Se nos direitos individuais temos direitos do indivíduo, protegendo-o contra abusos de terceiros ou do Estado, aqui temos direitos que viabilizam à pessoa uma subsistência mínima e digna. Esses direitos são conferidos a todos os cidadãos, de maneira que todos possam gozar do mesmo nível mínimo de vida, com possibilidades de se desenvolver.

Nos direitos individuais, temos, em grande parte, prestações negativas do Estado. Ou seja, em virtude desses direitos, o Estado deveria abster-se de determinados comportamentos sob pena de ferir os interesses e os direitos do cidadão. Trata-se, portanto, de uma trava à atuação do Estado em favor do interesse do cidadão.

Nos direitos sociais, por outro lado, temos a imposição de uma prestação positiva do Estado. Isso significa que aqui se exige do Estado que aja, que atue, que forneça os serviços públicos necessários à garantia dos direitos sociais. Nesses direitos, a omissão do Estado é que fere o interesse do indivíduo, devendo ele agir para promovê-los.

Tais direitos estão previstos no art. 6º:

> São direitos sociais a educação, a saúde, o trabalho, a moradia, o lazer, a segurança, a previdência social, a proteção à maternidade e à infância, a assistência aos desamparados, na forma desta Constituição.

Ou seja, o Estado deve promover e fornecer serviços de educação, saúde, lazer, segurança e demais mencionados na Constituição. O não fornecimento desses serviços fere os direitos sociais.

Ainda entre os direitos sociais, o art. 7º versa sobre os direitos dos trabalhadores urbanos e rurais. Aqui estão previstos direitos como salário mínimo, férias, 13º e adicionais de hora extra e noturno, entre outros. Esses direitos são apenas para os trabalhadores do regime de CLT (Consolidação das Leis de Trabalho); os servidores públicos têm seus direitos previstos em outra parte da Constituição.

Nos direitos sociais, ainda em relação ao trabalho, há o direito de greve e questões relativas à representação dos trabalhadores na empresa e a questão sindical, apontando-se as principais disposições sobre o assunto.

3.3 Nacionalidade

No Capítulo III, a Constituição regulamenta as questões referentes à nacionalidade, apontando quem são brasileiros e a forma de aquisição dessa nacionalidade. A Constituição distingue os brasileiros em duas categorias: natos e naturalizados.

O *nato* é aquele que nasce brasileiro. O direito, posteriormente, apenas reconhece essa condição. Ou seja, a nacionalidade brasileira é adquirida no nascimento, não há necessidade de processo ou atos posteriores para tal aquisição. A Constituição aponta como brasileiros natos todos os que forem nascidos no território brasileiro, sejam eles filhos de pais brasileiros ou estrangeiros. A única exceção é o caso de filho de pais estrangeiros a serviço do seu país aqui nascidos: estes não são brasileiros natos. É o caso, por exemplo, de filhos de diplomatas.

São também natos os filhos de pais brasileiros nascidos no estrangeiro enquanto os pais lá residiam a serviço do Brasil. Por exemplo, os filhos de diplomatas brasileiros que residem na Europa e lá tiverem nascido serão brasileiros. São natos, ainda, os filhos de pais brasileiros nascidos no estrangeiro e registrados em repartição diplomática brasileira ou aqueles que venham a residir no Brasil e, após a maioridade, optem pela nacionalidade brasileira.

O Brasil adota para a nacionalidade um critério típico de países de imigrantes, o chamado *jus solis*. Esse critério determina que todos aqueles nascidos no seu território obtêm a nacionalidade. É um critério adotado em grande parte pelos países de colonização mais recente, para povoá-los. Isso ocorre porque o imigrante que venha a residir no país não é nacional desse país, mas seus filhos aí nascidos já serão, de maneira que a população de nacionais do país tende a aumentar.

Outro critério adotado é o chamado *jus sanguinis*, em que a nacionalidade se adquire pelo vínculo de parentesco entre o nacional do país e seu filho. Assim, os filhos dos imigrantes que residem nos países que adotam esse critério não adquirem a nacionalidade pelo simples fato de terem nascido nesses territórios. Geralmente tal critério é mais adotado em países europeus. É por isso que aqui no Brasil encontramos uma grande quantidade de pessoas com cidadania brasileira e italiana, pois quase todo aquele que é descendente de italiano tem o direito a essa nacionalidade, mesmo que o antepassado tenha para cá imigrado há várias gerações.

O critério brasileiro permite, por exemplo, que o filho nascido no Brasil de um executivo estrangeiro que esteja temporariamente residindo aqui seja, ao mesmo tempo, brasileiro e nacional do país de origem de seus pais (conforme a regra de nacionalidade daquele país).

A segunda categoria de brasileiros são os *naturalizados*, isto é, os nacionais de outros países que, após cumprirem os requisitos legais, solicitam a nacionalidade brasileira e tornam-se brasileiros. O processo de naturalização envolve procedimento administrativo e judicial, de maneira a averiguar se o estrangeiro cumpre os requisitos necessários. Os requisitos previstos pela Constituição são, para os originários de países de língua portuguesa, residência ininterrupta por um ano e idoneidade moral. Dos originários de outros países, exige-se residência ininterrupta por 15 anos, não terem sido condenados por nenhum crime e terem solicitado a cidadania. Na naturalização, o estrangeiro solicita a condição de brasileiro. Diferentemente do brasileiro nato, que já nasce assim, o naturalizado nasce de outra nacionalidade e depois vem residir no Brasil e torna-se brasileiro.

A Constituição estabelece algumas restrições aos brasileiros naturalizados, apontando que alguns cargos são privativos dos brasileiros natos (presidente da República, vice-presidente, oficial das Forças Armadas etc.). O brasileiro naturalizado pode ter cancelada sua naturalização por atividade nociva ao interesse nacional. Já o brasileiro pode perder sua nacionalidade se adquirir outra nacionalidade, a não ser que seja pelo reconhecimento de outra nacionalidade originária (como no caso dos descendentes de italianos) ou quando outro país impuser sua nacionalidade. Dessa forma, o brasileiro que requeira outra nacionalidade e se naturalize cidadão de outro país perde sua nacionalidade brasileira.

3.4 Direitos políticos

> *A Constituição determina que o voto é universal e tem o mesmo valor para todos.*

Os direitos políticos determinam a forma de exercício da cidadania. Regulamentam o voto e as condições de elegibilidade. Esses direitos, em um Estado democrático, são fundamentais, já que apontam como os representantes são eleitos e como a cidadania é exercida. A Constituição determina que o voto é universal e tem o mesmo valor para todos. Aponta ainda o exercício direto do poder por meio do referendo, do plebiscito e da iniciativa popular.

O alistamento eleitoral é facultativo para os maiores de 70 anos, os maiores de 16 e menores de 18 anos e os analfabetos. Os demais (acima de 18 anos, menores de 70 e alfabetizados) são obrigados a votar.

A Constituição ainda estipula as condições de elegibilidade, que são as condições para que alguém se candidate e seja eleito. Entre essas condições, vale destacar a idade mínima para eleição dos cargos, que é 18 anos para vereador; 21 para prefeito e vice-prefeito, deputado federal e estadual; 30 anos para governador; e vice-governador; e 35 anos para presidente da República, vice-presidente e senador.

Portanto, a plenitude dos direitos políticos só é adquirida aos 35 anos, quando o cidadão está apto a ser eleito para todos os cargos da República. Isso não significa que os mais jovens não tenham direitos políticos, apenas que esses direitos são limitados em função da idade. É aos 35 anos que tal direito se torna pleno, ou seja, sem qualquer restrição.

A Constituição ainda estabelece que os direitos políticos não podem ser cassados, sendo esta a regra. Estão previstas algumas exceções, devendo-se destacar a condenação criminal transitada em julgado, enquanto durarem seus efeitos, e a improbidade administrativa. A primeira refere-se à condenação em qualquer crime. Quanto à improbidade administrativa, trata-se dos ilícitos relacionados à Administração Pública que impedem a eleição e acarretam também crime.

3.5 Partidos políticos

Por último, o Título II trata dos partidos políticos. Estes são de livre criação. São estabelecidos alguns requisitos para os partidos, como o caráter nacional, a prestação de contas à Justiça eleitoral, a proibição de recebimento de recursos estrangeiros etc. A Constituição ainda determina o fornecimento de tempo gratuito de rádio e TV aos partidos e veda a utilização de organização paramilitar.

Síntese

Neste capítulo, vimos os direitos e as garantias conferidos ao cidadão perante o Estado e os limites a este impostos na sua atuação. Ao Estado são dados poderes especiais para realizar suas atividades, porém é necessário observar que tais poderes devem ser exercidos com respeito aos direitos do cidadão.

O Estado não existe com um fim em si mesmo; trata-se de um ente que tem a função de melhorar a vida da sociedade e das pessoas. O Estado só existe porque as pessoas que o compõem decidiram viver em sociedade. Dessa forma, sua atuação deve sempre respeitá-las, considerando que tem a destinação de melhorar as condições de vida dessas pessoas.

Consultando a legislação

Título II
Dos Direitos e Garantias Fundamentais
Capítulo I
Dos Direitos e Deveres Individuais e Coletivos
Art. 5º Todos são iguais perante a lei, sem distinção de qualquer natureza, garantindo-se aos brasileiros e aos estrangeiros residentes no país a inviolabilidade do direito à vida, à liberdade, à igualdade, à segurança e à propriedade, nos termos seguintes:

I – homens e mulheres são iguais em direitos e obrigações, nos termos desta Constituição;

II – ninguém será obrigado a fazer ou deixar de fazer alguma coisa senão em virtude de lei;

III – ninguém será submetido a tortura nem a tratamento desumano ou degradante;

IV – é livre a manifestação do pensamento, sendo vedado o anonimato;

V – é assegurado o direito de resposta, proporcional ao agravo, além da indenização por dano material, moral ou à imagem;

VI – é inviolável a liberdade de consciência e de crença, sendo assegurado o livre exercício dos cultos religiosos e garantida, na forma da lei, a proteção aos locais de culto e a suas liturgias;

VII – é assegurada, nos termos da lei, a prestação de assistência religiosa nas entidades civis e militares de internação coletiva;

VIII – ninguém será privado de direitos por motivo de crença religiosa ou de convicção filosófica ou política, salvo se as invocar para eximir-se de obrigação legal a todos imposta e recusar-se a cumprir prestação alternativa, fixada em lei;

IX – é livre a expressão da atividade intelectual, artística, científica e de comunicação, independentemente de censura ou licença;

X – são invioláveis a intimidade, a vida privada, a honra e a imagem das pessoas, assegurado o direito a indenização pelo dano material ou moral decorrente de sua violação;

XI – a casa é asilo inviolável do indivíduo, ninguém nela podendo penetrar sem consentimento do morador, salvo em caso de flagrante delito ou desastre, ou para prestar socorro, ou, durante o dia, por determinação judicial;

XII – é inviolável o sigilo da correspondência e das comunicações telegráficas, de dados e das comunicações telefônicas, salvo, no último caso, por ordem judicial, nas hipóteses e na forma que a lei estabelecer para fins de investigação criminal ou instrução processual penal;

XIII – é livre o exercício de qualquer trabalho, ofício ou profissão, atendidas as qualificações profissionais que a lei estabelecer;

XIV – é assegurado a todos o acesso à informação e resguardado o sigilo da fonte, quando necessário ao exercício profissional;

XV – é livre a locomoção no território nacional em tempo de paz, podendo qualquer pessoa, nos termos da lei, nele entrar, permanecer ou dele sair com seus bens;

XVI – todos podem reunir-se pacificamente, sem armas, em locais abertos ao público, independentemente de autorização, desde que não frustrem outra reunião anteriormente convocada para o mesmo local, sendo apenas exigido prévio aviso à autoridade competente;

XVII – é plena a liberdade de associação para fins lícitos, vedada a de caráter paramilitar;

XVIII – a criação de associações e, na forma da lei, a de cooperativas independem de autorização, sendo vedada a interferência estatal em seu funcionamento;

XIX – as associações só poderão ser compulsoriamente dissolvidas ou ter suas atividades suspensas por decisão judicial, exigindo-se, no primeiro caso, o trânsito em julgado;

XX – ninguém poderá ser compelido a associar-se ou a permanecer associado;

XXI – as entidades associativas, quando expressamente autorizadas, têm legitimidade para representar seus filiados judicial ou extrajudicialmente;

XXII – é garantido o direito de propriedade;

XXIII – a propriedade atenderá a sua função social;

XXIV – a lei estabelecerá o procedimento para desapropriação por necessidade ou utilidade pública, ou por interesse social, mediante justa e prévia indenização em dinheiro, ressalvados os casos previstos nesta Constituição;

XXV – no caso de iminente perigo público, a autoridade competente poderá usar de propriedade particular, assegurada ao proprietário indenização ulterior, se houver dano;

XXVI – a pequena propriedade rural, assim definida em lei, desde que trabalhada pela família, não será objeto de penhora para pagamento de débitos decorrentes de sua atividade produtiva, dispondo a lei sobre os meios de financiar o seu desenvolvimento;

XXVII – aos autores pertence o direito exclusivo de utilização, publicação ou reprodução de suas obras, transmissível aos herdeiros pelo tempo que a lei fixar;

XXVIII – são assegurados, nos termos da lei:

a) a proteção às participações individuais em obras coletivas e à reprodução da imagem e voz humanas, inclusive nas atividades desportivas;

b) o direito de fiscalização do aproveitamento econômico das obras que criarem ou de que participarem aos criadores, aos intérpretes e às respectivas representações sindicais e associativas;

XXIX – a lei assegurará aos autores de inventos industriais privilégio temporário para sua utilização, bem como proteção às criações industriais, à propriedade das marcas, aos nomes de empresas e a outros signos distintivos, tendo em vista o interesse social e o desenvolvimento tecnológico e econômico do país;

XXX – é garantido o direito de herança;

XXXI – a sucessão de bens de estrangeiros situados no país será regulada pela lei brasileira em benefício do cônjuge ou dos filhos brasileiros, sempre que não lhes seja mais favorável a lei pessoal do de cujus;

XXXII – o Estado promoverá, na forma da lei, a defesa do consumidor;

XXXIII – todos têm direito a receber dos órgãos públicos informações de seu interesse particular, ou de interesse coletivo ou geral, que serão prestadas no prazo da lei, sob pena de responsabilidade, ressalvadas aquelas cujo sigilo seja imprescindível à segurança da sociedade e do Estado; (Regulamento)

XXXIV – são a todos assegurados, independentemente do pagamento de taxas:

a) o direito de petição aos Poderes Públicos em defesa de direitos ou contra ilegalidade ou abuso de poder;

b) a obtenção de certidões em repartições públicas, para defesa de direitos e esclarecimento de situações de interesse pessoal;

XXXV – a lei não excluirá da apreciação do Poder Judiciário lesão ou ameaça a direito;

XXXVI – a lei não prejudicará o direito adquirido, o ato jurídico perfeito e a coisa julgada;

XXXVII – não haverá juízo ou tribunal de exceção;

XXXVIII – é reconhecida a instituição do júri, com a organização que lhe der a lei, assegurados:

a) a plenitude de defesa;

b) o sigilo das votações;

c) a soberania dos veredictos;

d) a competência para o julgamento dos crimes dolosos contra a vida;

XXXIX – não há crime sem lei anterior que o defina, nem pena sem prévia cominação legal;

XL – a lei penal não retroagirá, salvo para beneficiar o réu;

XLI – a lei punirá qualquer discriminação atentatória dos direitos e liberdades fundamentais;

XLII – a prática do racismo constitui crime inafiançável e imprescritível, sujeito à pena de reclusão, nos termos da lei;

XLIII – a lei considerará crimes inafiançáveis e insuscetíveis de graça ou anistia a prática da tortura, o tráfico ilícito de entorpecentes e drogas afins, o terrorismo e os definidos como crimes hediondos, por eles respondendo os mandantes, os executores e os que, podendo evitá-los, se omitirem;

XLIV – constitui crime inafiançável e imprescritível a ação de grupos armados, civis ou militares, contra a ordem constitucional e o Estado Democrático;

XLV – nenhuma pena passará da pessoa do condenado, podendo a obrigação de reparar o dano e a decretação do perdimento de bens ser, nos termos da lei, estendidas aos sucessores e contra eles executadas, até o limite do valor do patrimônio transferido;

XLVI – a lei regulará a individualização da pena e adotará, entre outras, as seguintes:

a) privação ou restrição da liberdade;

b) perda de bens;

c) multa;

d) prestação social alternativa;

e) suspensão ou interdição de direitos;

XLVII – não haverá penas:

a) de morte, salvo em caso de guerra declarada, nos termos do art. 84, XIX;

b) de caráter perpétuo;

c) de trabalhos forçados;

d) de banimento;

e) cruéis;

XLVIII – a pena será cumprida em estabelecimentos distintos, de acordo com a natureza do delito, a idade e o sexo do apenado;

XLIX – é assegurado aos presos o respeito à integridade física e moral;

L – às presidiárias serão asseguradas condições para que possam permanecer com seus filhos durante o período de amamentação;

LI – nenhum brasileiro será extraditado, salvo o naturalizado, em caso de crime comum, praticado antes da naturalização, ou de comprovado envolvimento em tráfico ilícito de entorpecentes e drogas afins, na forma da lei;

LII – não será concedida extradição de estrangeiro por crime político ou de opinião;

LIII – ninguém será processado nem sentenciado senão pela autoridade competente;

LIV – ninguém será privado da liberdade ou de seus bens sem o devido processo legal;

LV – aos litigantes, em processo judicial ou administrativo, e aos acusados em geral são assegurados o contraditório e ampla defesa, com os meios e recursos a ela inerentes;

LVI – são inadmissíveis, no processo, as provas obtidas por meios ilícitos;

LVII – ninguém será considerado culpado até o trânsito em julgado de sentença penal condenatória;

LVIII – o civilmente identificado não será submetido a identificação criminal, salvo nas hipóteses previstas em lei;

LIX – será admitida ação privada nos crimes de ação pública, se esta não for intentada no prazo legal;

LX – a lei só poderá restringir a publicidade dos atos processuais quando a defesa da intimidade ou o interesse social o exigirem;

LXI – ninguém será preso senão em flagrante delito ou por ordem escrita e fundamentada de autoridade judiciária competente, salvo nos casos de transgressão militar ou crime propriamente militar, definidos em lei;

LXII – a prisão de qualquer pessoa e o local onde se encontre serão comunicados imediatamente ao juiz competente e à família do preso ou à pessoa por ele indicada;

LXIII – o preso será informado de seus direitos, entre os quais o de permanecer calado, sendo-lhe assegurada a assistência da família e de advogado;

LXIV – o preso tem direito à identificação dos responsáveis por sua prisão ou por seu interrogatório policial;

LXV – a prisão ilegal será imediatamente relaxada pela autoridade judiciária;

LXVI – ninguém será levado à prisão ou nela mantido, quando a lei admitir a liberdade provisória, com ou sem fiança;

LXVII – não haverá prisão civil por dívida, salvo a do responsável pelo inadimplemento voluntário e inescusável de obrigação alimentícia e a do depositário infiel;

LXVIII – conceder-se-á habeas-corpus sempre que alguém sofrer ou se achar ameaçado de sofrer violência ou coação em sua liberdade de locomoção, por ilegalidade ou abuso de poder;

LXIX – conceder-se-á mandado de segurança para proteger direito líquido e certo, não amparado por habeas-corpus ou habeas-data, quando o responsável pela ilegalidade ou abuso de poder for autoridade pública ou agente de pessoa jurídica no exercício de atribuições do Poder Público;

LXX – o mandado de segurança coletivo pode ser impetrado por:

a) partido político com representação no Congresso Nacional;

b) organização sindical, entidade de classe ou associação legalmente constituída e em funcionamento há pelo menos um ano, em defesa dos interesses de seus membros ou associados;

LXXI – conceder-se-á mandado de injunção sempre que a falta de norma regulamentadora torne inviável o exercício dos direitos e liberdades constitucionais e das prerrogativas inerentes à nacionalidade, à soberania e à cidadania;

LXXII – conceder-se-á habeas-data:

a) para assegurar o conhecimento de informações relativas à pessoa do impetrante, constantes de registros ou bancos de dados de entidades governamentais ou de caráter público;

b) para a retificação de dados, quando não se prefira fazê-lo por processo sigiloso, judicial ou administrativo;

LXXIII – qualquer cidadão é parte legítima para propor ação popular que vise a anular ato lesivo ao patrimônio público ou de entidade de que o Estado participe, à moralidade administrativa, ao meio ambiente e ao patrimônio histórico e cultural, ficando o autor, salvo comprovada má-fé, isento de custas judiciais e do ônus da sucumbência;

LXXIV – o Estado prestará assistência jurídica integral e gratuita aos que comprovarem insuficiência de recursos;

LXXV – o Estado indenizará o condenado por erro judiciário, assim como o que ficar preso além do tempo fixado na sentença;

LXXVI – são gratuitos para os reconhecidamente pobres, na forma da lei:

a) o registro civil de nascimento;

b) a certidão de óbito;

LXXVII – são gratuitas as ações de habeas-corpus e habeas-data, e, na forma da lei, os atos necessários ao exercício da cidadania.

LXXVIII – a todos, no âmbito judicial e administrativo, são assegurados a razoável duração do processo e os meios que garantam a celeridade de sua tramitação.

§ 1º As normas definidoras dos direitos e garantias fundamentais têm aplicação imediata.

§ 2º Os direitos e garantias expressos nesta Constituição não excluem outros decorrentes do regime e dos princípios por ela adotados, ou dos tratados internacionais em que a República Federativa do Brasil seja parte.

§ 3º Os tratados e convenções internacionais sobre direitos humanos que forem aprovados, em cada Casa do Congresso Nacional, em dois turnos, por três quintos dos votos dos respectivos membros, serão equivalentes às emendas constitucionais.

§ 4º O Brasil se submete à jurisdição de Tribunal Penal Internacional a cuja criação tenha manifestado adesão.

Capítulo II
Dos Direitos Sociais
Art. 6º São direitos sociais a educação, a saúde, o trabalho, a moradia, o lazer, a segurança, a previdência social, a proteção à maternidade e à infância, a assistência aos desamparados, na forma desta Constituição.

Capítulo III
Da Nacionalidade
Art. 12. São brasileiros:
I – natos:
a) os nascidos na República Federativa do Brasil, ainda que de pais estrangeiros, desde que estes não estejam a serviço de seu país;
b) os nascidos no estrangeiro, de pai brasileiro ou mãe brasileira, desde que qualquer deles esteja a serviço da República Federativa do Brasil;
c) os nascidos no estrangeiro de pai brasileiro ou de mãe brasileira, desde que sejam registrados em repartição brasileira competente ou venham a residir na República Federativa do Brasil e optem, em qualquer tempo, depois de atingida a maioridade, pela nacionalidade brasileira;
II – naturalizados:
a) os que, na forma da lei, adquiram a nacionalidade brasileira, exigidas aos originários de países de língua portuguesa apenas residência por um ano ininterrupto e idoneidade moral;

b) os estrangeiros de qualquer nacionalidade, residentes na República Federativa do Brasil há mais de quinze anos ininterruptos e sem condenação penal, desde que requeiram a nacionalidade brasileira.

Capítulo IV
Dos Direitos Políticos

Art. 14. A soberania popular será exercida pelo sufrágio universal e pelo voto direto e secreto, com valor igual para todos, e, nos termos da lei, mediante:

I – plebiscito;

II – referendo;

III – iniciativa popular.

§ 1º O alistamento eleitoral e o voto são:

I – obrigatórios para os maiores de 18 anos;

II – facultativos para:

a) os analfabetos;

b) os maiores de 70 anos;

c) os maiores de 16 e menores de 18 anos.

§ 2º Não podem alistar-se como eleitores os estrangeiros e, durante o período do serviço militar obrigatório, os conscritos.

§ 3º São condições de elegibilidade, na forma da lei:

I – a nacionalidade brasileira;

II – o pleno exercício dos direitos políticos;

III – o alistamento eleitoral;

IV – o domicílio eleitoral na circunscrição;

V – a filiação partidária;

VI – a idade mínima de:

a) 35 anos para Presidente e Vice-Presidente da República e Senador;

b) 30 anos para Governador e Vice-Governador de Estado e do Distrito Federal;

c) 21 anos para Deputado Federal, Deputado Estadual ou Distrital, Prefeito, Vice-Prefeito e juiz de paz;

d) 18 anos para Vereador.

§ 4º São inelegíveis os inalistáveis e os analfabetos.

Art. 15. É vedada a cassação de direitos políticos, cuja perda ou suspensão só se dará nos casos de:

I – cancelamento da naturalização por sentença transitada em julgado;

II – incapacidade civil absoluta;

III – condenação criminal transitada em julgado, enquanto durarem seus efeitos;

IV – recusa de cumprir obrigação a todos imposta ou prestação alternativa, nos termos do art. 5º, VIII;

V – improbidade administrativa, nos termos do art. 37, § 4º.

Capítulo V

Dos Partidos Políticos

Art. 17. É livre a criação, fusão, incorporação e extinção de partidos políticos, resguardados a soberania nacional, o regime democrático, o pluripartidarismo, os direitos fundamentais da pessoa humana e observados os seguintes preceitos:

I – caráter nacional;

II – proibição de recebimento de recursos financeiros de entidade ou governo estrangeiros ou de subordinação a estes;

III – prestação de contas à Justiça Eleitoral;

IV – funcionamento parlamentar de acordo com a lei.

Questões para revisão

1) Explique no que consiste a legalidade.

2) Qual a diferença de um brasileiro nato para um brasileiro naturalizado?

3) Sobre o direito à propriedade, é correto afirmar:
   a) No Brasil, o direito à propriedade é ilimitado, podendo o proprietário abusar desse direito.
   b) O direito de propriedade protege até o latifúndio improdutivo.
   c) Atualmente, o direito à propriedade deve ser exercido levando-se em conta a função social da propriedade.
   d) O direito de propriedade não está previsto na Constituição, sendo um direito implícito.

4) Sobre a ampla defesa e o contraditório, é correto afirmar:
   a) Esses direitos são assegurados em processos administrativos e judiciais, quando houver risco de prejuízo para a parte.
   b) São direitos relativos, pois pode-se apenar alguém sem que lhe seja oportunizada a defesa.

c) Contraditório e ampla defesa significam a mesma coisa.

d) Esses direitos referem-se apenas ao início do processo, não contemplando os recursos postos à disposição do acusado.

5) Com qual idade o cidadão brasileiro adquire a plenitude dos seus direitos políticos?

a) Aos 16 anos, quando pode votar.

b) Aos 18 anos, quando é obrigado a votar e pode se candidatar ao cargo de vereador.

c) Aos 21 anos, quando deixa de ser relativamente incapaz para os atos da vida civil.

d) Aos 35 anos, quando pode ser eleito presidente da República.

Questões para reflexão

1) No Brasil, o voto é obrigatório. Reflita sobre essa obrigatoriedade, ponderando se ela faz com que as pessoas se obriguem a uma maior politização ou se ela deveria ser extinta, já que obriga ao exercício de algo que deveria ser um direito do cidadão, e não um dever.

2) No Brasil, em caso de guerra declarada, é possível a pena de morte para determinados crimes. Discuta se a pena de morte deveria ser aplicada em mais casos, como forma de coibir a criminalidade, ou se deveria ser definitivamente extinta, já que não se compatibiliza com a realidade do Estado atual.

3) A Constituição prevê a igualdade, determinando que todos são iguais perante a lei. Discuta se essa igualdade efetivamente ocorre no Brasil ou se ainda é possível aperfeiçoar esse valor.

IV

Conteúdos do capítulo:

» Organização do Estado.
» Entes da federação: União, estados, Distrito Federal e municípios.
» Administração Pública.

Organização do Estado

No Título III, a Constituição trata da organização do Estado brasileiro, apontando como este se divide e qual tarefa incumbe a cada um dos seus entes. É estabelecida para cada um dos entes da federação uma determinada competência, a qual pode incluir atividades ou serviços a serem desempenhados pelo ente ou sobre quais assuntos ele pode legislar.

Quando nos referimos à competência, falamos em exercício de uma parte do poder. Por exemplo, o Estado, como um todo, exerce o poder de legislar. Todavia, a cada um dos entes da federação é atribuída uma competência, ou seja, uma parte do poder de legislar. Cada ente da federação, então, exerce essa competência como uma esfera de poder posta a seu cargo pela Constituição.

A competência designa sempre uma parcela do poder dada a alguma pessoa ou ente. Diz-se também que há competência para os juízes, que exercem a jurisdição dentro de uma competência determinada, ou para os servidores públicos em geral, que têm competências atribuídas em lei para desempenhar determinadas atividades.

Quando falamos, então, da competência legislativa da União para legislar sobre determinado assunto, estamos falando, na verdade, do poder da União de legislar sobre aquele assunto.

A organização do Estado feita pela Constituição, em grande medida, divide entre os entes da federação as competências legislativas e as atividades que devem desempenhar. Ou seja, além de determinar sobre quais assuntos devem legislar, a Constituição especifica quais atividades e serviços os entes devem fornecer, bem como aponta quais são os bens públicos pertencentes a cada um dos entes.

Esse título ainda possui o importante Capítulo VII, que trata da Administração Pública. Aqui está a base do regime jurídico-administrativo que rege as atividades estatais, assim como diversas regras necessárias ao funcionamento da Administração Pública e de suas atividades.

4.1 Entes da federação

Como vimos anteriormente, o Brasil é uma república federativa, o que implica o exercício do poder na forma de federação. É, então, dividido em estados, que, em conjunto, constituem a federação. A nossa tem formação distinta daquela encontrada nos Estados Unidos da América (EUA). Esse país é o principal exemplo de federação que podemos encontrar, basicamente porque se trata de uma federação que nasceu "de baixo para cima".

Nos EUA, existiam 13 colônias independentes entre si. Em dado momento, elas decidiram se agrupar de maneira a formar um país, abrindo mão de parte de sua autonomia em favor da União. Assim, nasceu uma federação, ou seja, a união das colônias, que passaram a ser estados. Por isso o nome *"Estados Unidos"*; na realidade, trata-se mesmo de uma união de estados. Estes mantiveram parte substancial de sua autonomia, submetendo-se à federação principalmente em questões nacionais e internacionais. As questões regionais, locais, continuaram, em boa parte, regidas exclusivamente pela legislação do estado. Em virtude disso, naquele país, cada estado tem uma legislação própria penal e cível, de acordo com a vontade da sua população. É por isso que em alguns estados americanos existe pena de morte e em outros não.

Mencionamos que a formação dos EUA foi de "baixo para cima" porque nesse país a vontade de constituir a federação partiu dos estados, ou colônias, inicialmente independentes, as quais se juntaram e constituíram uma federação.

Já no Brasil, adotou-se uma federação semelhante à americana (tanto que o nome do país, em épocas passadas, era *Estados Unidos do Brasil*). Todavia, aqui, a federação foi adotada "de cima para baixo", ou seja, o país foi dividido em estados pelo poder central. Alguns estados brasileiros têm formação histórica própria, derivados ainda das capitanias hereditárias; vários, porém, são fruto da mera divisão efetuada pelo poder central.

No Brasil, ainda, os estados têm pouca autonomia, se comparados com os EUA. Aqui, praticamente toda a legislação relevante é federal. Aos estados sobram apenas questões residuais de menor importância. O estado, no nosso modelo, é um ente com poucas funções relevantes.

> *O Brasil adota uma federação que divide o país em estados pelo poder central.*

Na nossa opinião, o estado, no modelo brasileiro e na forma como hoje é constituído, é um ente dispensável, que significa apenas mais despesas para o contribuinte. Os únicos serviços relevantes por ele prestados são as polícias civil e militar e o registro de veículos (Departamento de Trânsito – Detran), além do Judiciário Estadual (que é independente do Poder Executivo). Todos esses serviços poderiam facilmente ser passados à União Federal, sem qualquer prejuízo à sua prestação.

Da maneira como temos os estados hoje, eles nada mais são do que fontes de despesa, pois acabam duplicando estruturas que já existem nas órbitas federal e municipal. O mesmo ocorre com o Legislativo estadual, que tem poucas competências legislativas e acaba perdendo a razão de ser. O município, por sua vez, é o ente que compõe os estados. A partir da Constituição de 1988, houve uma explosão na criação de novos municípios, pois se exigia apenas um plebiscito à população interessada. Isso acarretou a criação de diversos municípios sem qualquer viabilidade econômica. Hoje a Constituição exige prévio estudo de viabilidade para que o município seja criado.

Vejamos agora cada um dos entes da federação.

▌ União Federal

Em nosso sistema, a União Federal, de todos os entes da federação, é o mais poderoso, não só pela quantidade de bens sob seu poder, mas também pelo número de serviços e atividades que exerce e pelas competências legislativas de que dispõe.

São bens da União todos os lagos e rios que banhem mais de um estado e que façam divisa com outro país. São também da União o mar territorial e os recursos da plataforma continental. Ela é, ainda, proprietária dos recursos minerais, dos potenciais de energia elétrica e das terras indígenas.

Notemos que os recursos minerais e os potenciais de geração de energia elétrica são bens públicos. As minas de exploração de minerais e as usinas hidrelétricas de particulares não tornam esses bens de propriedade daquele que as explora. Os particulares, nesse caso, recebem uma concessão ou outorga da União para explorarem esses bens, mas eles continuam sendo públicos.

Quanto às competências da União, ela pode declarar a guerra e celebrar a paz, decretar estado de sítio, de defesa e intervenção federal, emitir moeda, administrar as reservas cambiais, prestar serviço postal, prestar serviço de telecomunicações, rádio, TV, energia elétrica, prestar serviços de transporte aéreo, terrestre interestadual e ferroviário, explorar portos e serviços de instalações nuclerares. A Constituição estabelece inúmeras outras atividades cuja competência pertence apenas à União, mas que deixamos de aqui citar em favor da brevidade do texto.

Como vimos, cabe à União a prestação de serviço de telecomunicações, TV, rádio, energia elétrica, transporte aéreo, terrestre interestadual etc. Estes são denominados pelo direito administrativo de *serviços públicos*. São serviços que pertencem ao Estado, por força de norma legal, e devem ser por ele prestados. São assim qualificados porque são serviços relevantes à manutenção da ordem pública e ao desenvolvimento do país, geralmente tratando-se de atividades relacionadas à infraestrutura. Em decorrência disso, submetem-se a um regime específico, mais rígido, que impõe regras que limitam, por exemplo, o direito de greve dos trabalhadores desses setores.

Esses serviços podem ser prestados diretamente pela União ou por particulares por meio de concessão. Nessa hipótese, mediante licitação, escolhe-se uma empresa que vai receber uma concessão de serviço público para explorá-lo de acordo com as regras estabelecidas pela União. A tarifa terá de ser determinada de acordo com a legislação cabível, não sendo possível a mera aplicação de leis de mercado.

Quando há uma concessão de serviço público, é incorreto dizer que o serviço foi privatizado. Ele continua sendo de propriedade da

União. O que ocorreu foi uma concessão ao particular para que ele explore o serviço, dentro de determinado prazo e dentro das condições da lei e do ente da federação titular do serviço. Tanto é assim que, em alguns casos, quando o serviço está sendo mal prestado, é possível ao Estado encampá-lo e passar a prestá-lo diretamente, como forma de impedir que ele pare.

O serviço pode ser prestado também diretamente pela União, como ocorre no serviço postal, prestado pelos Correios. Trata-se de uma empresa pública, integralmente pertencente à União Federal, que explora diretamente o serviço postal. Era assim também com os serviços telefônicos até a privatização do sistema Telebrás, quando passaram a ser explorados pela iniciativa privada.

Hoje os serviços públicos prestados por particulares são diversos, como, por exemplo, os relativos às concessões de TV aberta e rádio, às linhas aéreas, às empresas de ônibus interestadual, às empresas de telefonia fixa e celular etc.

==Algumas competências a Constituição atribui em comum para União, estados, Distrito Federal e municípios, ou seja, são atividades a serem desempenhadas por todos.== Trata-se de diretrizes mais genéricas, como combate à marginalização e à pobreza, proteção à Constituição, cuidado com a saúde pública e outras atividades de interesse geral.

A Constituição ainda estabelece a chamada *competência legislativa*, que é a atribuição de poder ao ente da federação para a criação de novas leis. Aqui, a Constituição estipula diferenças entre as competências, que podem ser exclusivas, privativas e concorrentes.

Na *competência exclusiva*, entende-se que cabe apenas à União legislar sobre o assunto, e essa competência não pode ser delegada a outro ente. Na *privativa*, a competência pode ser delegada. Já na *concorrente*, a União legisla sobre as regras gerais do assunto, enquanto os estados podem legislar sobre ele mais especificamente. Caso a União não exerça a competência legislativa para estabelecer normas gerais, o estado poderá legislar plenamente sobre o assunto, até que a União edite norma a respeito.

São então de competência privativa da União assuntos como direito penal, civil, comercial, processual e trabalhista, serviço postal, trânsito e diversos outros assuntos. A Constituição determina que esses assuntos só podem ser tratados por lei federal, mas permite a delegação de competência aos estados, mediante autorização por lei complementar, somente para legislação de partes específicas desses assuntos.

A competência concorrente refere-se a matérias como direito tributário e econômico, educação, cultura, proteção à infância e à juventude, juizados de pequenas causas e outros. Logo, nesses assuntos a União estabelece as regras gerais, e os estados, as específicas. A competência concorrente não é exercida pelos municípios.

A competência concorrente foi exercida no caso dos juizados de pequenas causas. A Constituição de 1988 permitiu a sua criação e a competência legislativa concorrente dos estados. Vários deles criaram suas próprias leis, organizando esses juizados. Só depois a União editou lei federal sobre o assunto, de maneira que a partir daí passou a valer essa lei. Até sua entrada em vigor, a competência dos estados sobre juizados de pequenas causas foi plena.

▪ Estados

Os estados possuem Constituições estaduais próprias, assim como leis estaduais, de acordo com suas competências. As Constituições dos estados não podem contrariar o que diz a Constituição Federal, já que esta é a norma do topo do ordenamento jurídico. Ainda, as Constituições estaduais obedecem a uma regra de simetria com a Constituição Federal, de maneira que as disposições desta geralmente se repetem naquelas, adaptadas aos estados. Por exemplo, a Constituição Federal dispõe sobre o Tribunal de Contas da União.

Por regra de simetria, a Constituição Estadual deve ter normas semelhantes na regulamentação do Tribunal de Contas do estado.

Os estados, como vimos, na Constituição de 1988, são desprestigiados nas suas competências. A Constituição assim dispõe (art. 25, § 1º):

> São reservadas aos Estados as competências que não lhes sejam vedadas por esta Constituição.

Dessa forma, tudo que não é reservado à União e aos municípios é atribuído aos estados, e acaba restando pouco. Como vimos nas competências da União, são elas bastante numerosas, de maneira que esse ente é bastante poderoso no Brasil. Os municípios, por sua vez, cuidam das questões locais, regulamentam questões da cidade. Ao estado, então, acabam restando poucos assuntos a serem tratados, bem como poucos serviços e atividades a serem desempenhados.

Municípios

O município não tem Constituição; o que tem é a chamada *lei orgânica*, que trata de assuntos semelhantes aos de uma Constituição e que são determinados pela Constituição Federal. Esta é específica ao determinar o número máximo de vereadores em função da população da cidade e ao fixar limites à remuneração máxima destes.

Em nossa opinião, em muitos municípios menores, o cargo de vereador poderia ser exercido gratuitamente, já que a função legislativa exercida pelo município é pequena, e menor ainda em um município pequeno. Bastaria uma reunião mensal da Câmara dos Vereadores para que se deliberassem todos os assuntos relevantes que precisassem de sua aprovação. Isso não traria perigo à representatividade da população, pois o representante eleito existiria e daria enorme alívio aos cofres dos municípios, especialmente os pequenos, que muitas vezes dependem de repasse federal e estadual para existir. Sem essa despesa, sobrariam mais recursos para obras e políticas públicas de melhoramento das condições de vida da população.

Quanto às competências do município, referem-se elas basicamente à organização da cidade e do território, como legislação de uso do solo, zoneamento e criação de distritos. Também tratam dos assuntos de atendimento à população, como serviços de educação infantil e fundamental e de saúde.

Distrito Federal

O Distrito Federal não é estado nem município, é um ente da federação distinto dos demais. Só existe um, onde fica a capital, Brasília. Ele tem características de estado e município. A Constituição determina que ele acumule as competências dos estados e dos municípios, ou seja, ele pode legislar e atuar nas mesmas atividades e funções dos estados e dos municípios.

O chefe do seu Poder Executivo é o governador, como nos estados. Seu Poder Legislativo é exercido pela Câmara Legislativa, que parece ser um nome decorrente da junção da Câmara dos Vereadores do município com a Assembleia Legislativa dos estados.

4.2 Administração Pública

Como já indicamos em outra ocasião,

> *Administração Pública é o nome genérico que se dá aos órgãos e entes administrativos que têm como objetivo desempenhar a função administrativa do Estado, realizando atividades e políticas que concretizem os seus objetivos. Ela é um conjunto de órgãos e entes que podem ter perso-*

> *nalidade jurídica própria ou não e ser constituídos sob regime de direito público ou privado.* (Hack, 2008, p. 45)

Assim, quando falamos em Administração Pública, estamos falando de todo o aparato estatal, isto é, órgãos públicos, empresas públicas, sociedades de economia mista, fundações públicas e todos os demais entes que exerçam atividades relacionadas à função do Estado.

Geralmente, quando mencionamos a Administração, estamos nos referindo ao Poder Executivo e aos órgãos e às entidades a ele ligados. Isso porque esse poder é o responsável pelas atividades, serviços e políticas públicas; logo, a ele se aplica mais esse conceito. Todavia, as questões e as regras da Administração Pública são aplicáveis também aos Poderes Legislativo e Judiciário. Apesar de esses poderes terem função final diferente da exercida pelo Executivo, eles também necessitam desempenhar atividades próprias da Administração Pública, a fim de bem desempenhar seu papel.

A Administração Pública é estudada pelo ramo do direito denominado *direito administrativo*. Nesse campo, encontramos o estudo da regulamentação acerca dos servidores públicos, do ato administrativo, das licitações e dos contratos administrativos, dos concursos públicos e de todas as atividades internas de funcionamento da Administração Pública.

A Constituição, ao tratar especificamente do tema "Administração Pública", lança uma série de princípios e regras a serem obedecidos por toda a Administração no desempenho de suas atividades. Aplicam-se tais regras aos três poderes, quando no desempenho de suas atividades de gestão e administração.

O art. 37 estabelece os pilares desse estudo:

> A administração pública direta e indireta de qualquer dos Poderes da União, dos Estados, do Distrito Federal e dos Municípios obedecerá aos princípios de legalidade, impessoalidade, moralidade, publicidade e eficiência [...]

Os dispositivos abrangem todos os entes da federação, os três poderes e a Administração direta e indireta. Inicia-se apontando a *legalidade* como princípio. Para a Administração, a legalidade é fundamental. Como vimos, o Estado democrático de direito rege-se pelas leis democraticamente aprovadas. Logo, a Administração Pública, que é a representação do próprio Estado, deve obedecer à lei. Não pode sua atuação extrapolar ou contrariar o que ela determina.

Outro princípio é o da *impessoalidade*. Este determina que a Administração deve tratar a todos igualmente, não favorecendo nem desfavorecendo ninguém. Para ela, todos são cidadãos, titulares dos mesmos direitos e deveres e devem ser tratados igualmente. Beneficiar alguém só porque é amigo do chefe da repartição viola a impessoalidade, estabelecendo uma distinção entre as pessoas que é inadmissível.

A *moralidade* que deve reger a Administração Pública é das questões mais difíceis a serem conceituadas. Moral é um juízo interno a cada pessoa, ou seja, o que pode ser moral para uma pessoa pode não ser para outra. Também não há como sabermos se alguém está agindo de determinada maneira porque sua moral assim determina ou porque está com medo de ser penalizado ou de ter seu comportamento reprovado.

No direito, a moral é deixada fora da análise, já que, como apontamos, trata-se de um juízo subjetivo e impossível de ser verificado. Entende-se que a lei é a representação da moral da maioria da sociedade, de maneira que, se alguém atua dentro da lei, está atuando dentro da moralidade. Assim, para o direito, interessa a observância à lei; a moral não é levada em conta.

Nos princípios da Administração Pública, entende-se que a Constituição determina a moralidade não como o juízo interno, mas, sim, como o agir honesto e de boa-fé da Administração. Dessa forma, o que se exige com a moralidade aqui é uma atuação da Administração sem qualquer objetivo de enganar o cidadão. Exige-se, portanto, que a atuação dela seja sempre no sentido da boa-fé e da ética, sem qualquer malícia ou artimanha que tenha a intenção de induzir o cidadão a erro ou de levá-lo à prática de um ato que não era de sua vontade. Não basta só agir dentro do que manda a lei, a atuação da Administração deve ser de boa-fé, honesta, indo além da mera legalidade.

A *publicidade* é a exigência de que todos os atos da Administração sejam públicos e divulgados à população. Por esse princípio, vedam-se as decisões a portas fechadas, os atos praticados às escondidas ou a negativa de acesso do cidadão a processos e documentos da Administração. A regra é a publicidade, o sigilo é a exceção. Esse princípio também determina que os atos da Administração sejam fundamentados, ou seja, o ato deve conter o fundamento e as razões que levaram à sua prática como forma de possibilitar o seu posterior controle.

Por último, exige-se da Administração uma atuação eficiente. Por *eficiência* entende-se que é "o mais pelo menos". Assim, trata-se de determinar à Administração a melhor atuação possível com a menor despesa possível. Dessa forma, não basta uma atuação dentro da lei, é preciso que a Administração se esmere para bem atender o cidadão gastando o mínimo possível. Requer-se uma atuação eficiente, que cumpra com seus objetivos da melhor maneira possível.

Além desses princípios, que são valores que devem reger toda e qualquer atuação da Administração, a Constituição estabelece uma série de regras a serem seguidas. Vejamos algumas das mais importantes.

A Constituição Federal determina que os cargos ou empregos públicos devem ser preenchidos mediante concurso público. Também aponta que o acesso aos cargos públicos é livre a todos os brasileiros que atendam aos requisitos da lei. Esses dois preceitos acabam estabelecendo a igualdade no acesso aos cargos públicos, pois o concurso público é uma forma democrática e impessoal de preencher os cargos públicos. Baseia-se apenas no mérito do candidato, sem levar em conta sua origem, parentesco ou outras características que pudessem privilegiá-lo. A Constituição também traz regras específicas sobre remuneração e subsídios dos servidores e acúmulo de cargos.

Outra importante regra trazida pela Constituição é a obrigatoriedade de realização de licitação para a contratação com a Administração Pública. Em regra, todas as obras, serviços, compras e alienações realizados pela Administração devem ser precedidos de licitação. A dispensa ou inexigibilidade desta são exceções em casos específicos regulamentados por lei, como, por exemplo, o caso de um município que contrata um artista famoso para uma apresentação musical a fim de comemorar o aniversário da cidade. Pela notoriedade do artista, não há competição, por isso pode-se dispensar a licitação.

A licitação é uma competição realizada entre os fornecedores que pretendem contratar com a Administração Pública. Nessa competição, exigem-se documentos que comprovem a habilitação técnica e financeira para a realização do objeto do contrato. A licitação é decidida por critérios de melhor técnica, ou melhor preço, ou ambos combinados. Geralmente, exige-se apenas o critério de melhor preço, pois o de melhor técnica é de mais difícil configuração.

Assim, na licitação por melhor preço, ganha o candidato que demonstrar habilitação para prestar o objeto da licitação e que o fizer pelo menor preço. A Constituição assegura a igualdade de condições na disputa, não podendo ser feitas distinções entre os concorrentes, a não ser para comprovar a habilitação técnica e a capacidade financeira para cumprir com o contrato. A licitação destina-se também a aplicar a igualdade à Administração, permitindo a todos os fornecedores a contratação com o Estado. Também possibilita ao Estado avaliar as propostas e obter o menor valor possível nas suas obras e compras.

Síntese

Neste capítulo, vimos que a Constituição aponta como deve ser o mecanismo do Estado, ou seja, como ele deve funcionar. Assim, existe uma série de disposições indicando as tarefas de cada ente da federação, a forma como elas devem ser desempenhadas, os bens que cada um deve administrar etc.

O poder, então, é repartido dentro do território, de maneira que seja mais bem exercido. Os serviços e as atividades estatais devem ser prestados de modo a chegarem efetivamente a todos os cidadãos.

Esse é o "espírito" de uma federação, com a divisão de tarefas entre vários entes que, dentro de um determinado território, devem exercer o poder em favor da população que nele reside.

Consultando a legislação

Título III
Da Organização do Estado

Capítulo I
Da Organização Político-Administrativa

Art. 18. A organização político-administrativa da República Federativa do Brasil compreende a União, os Estados, o Distrito Federal e os Municípios, todos autônomos, nos termos desta Constituição.

§ 1º Brasília é a Capital Federal.

§ 2º Os Territórios Federais integram a União, e sua criação, transformação em Estado ou reintegração ao Estado de origem serão reguladas em lei complementar.

§ 3º Os Estados podem incorporar-se entre si, subdividir-se ou desmembrar-se para se anexarem a outros, ou formarem novos Estados ou Territórios Federais, mediante aprovação da população diretamente interessada, através de plebiscito, e do Congresso Nacional, por lei complementar.

§ 4º A criação, a incorporação, a fusão e o desmembramento de Municípios, far-se-ão por lei estadual, dentro do período determinado por Lei Complementar

Federal, e dependerão de consulta prévia, mediante plebiscito, às populações dos Municípios envolvidos, após divulgação dos Estudos de Viabilidade Municipal, apresentados e publicados na forma da lei.
[...]

Capítulo II

Da União

[...]

Art. 21. Compete à União:

I – manter relações com Estados estrangeiros e participar de organizações internacionais;

II – declarar a guerra e celebrar a paz;

III – assegurar a defesa nacional;

IV – permitir, nos casos previstos em lei complementar, que forças estrangeiras transitem pelo território nacional ou nele permaneçam temporariamente;

V – decretar o estado de sítio, o estado de defesa e a intervenção federal;

VI – autorizar e fiscalizar a produção e o comércio de material bélico;

VII – emitir moeda;

VIII – administrar as reservas cambiais do país e fiscalizar as operações de natureza financeira, especialmente as de crédito, câmbio e capitalização, bem como as de seguros e de previdência privada;

IX – elaborar e executar planos nacionais e regionais de ordenação do território e de desenvolvimento econômico e social;

X – manter o serviço postal e o correio aéreo nacional;

XI – explorar, diretamente ou mediante autorização, concessão ou permissão, os serviços de telecomunicações, nos termos da lei, que disporá sobre a organização dos serviços, a criação de um órgão regulador e outros aspectos institucionais;

XII – explorar, diretamente ou mediante autorização, concessão ou permissão:

a) os serviços de radiodifusão sonora, e de sons e imagens;

b) os serviços e instalações de energia elétrica e o aproveitamento energético dos cursos de água, em articulação com os Estados onde se situam os potenciais hidroenergéticos;

c) a navegação aérea, aeroespacial e a infraestrutura aeroportuária;

d) os serviços de transporte ferroviário e aquaviário entre portos brasileiros e fronteiras nacionais, ou que transponham os limites de Estado ou Território;

e) os serviços de transporte rodoviário interestadual e internacional de passageiros;

f) os portos marítimos, fluviais e lacustres;

XIII – organizar e manter o Poder Judiciário, o Ministério Público e a Defensoria Pública do Distrito Federal e dos Territórios;

XIV – organizar e manter a polícia civil, a polícia militar e o corpo de bombeiros militar do Distrito Federal, bem como prestar assistência financeira ao Distrito Federal para a execução de serviços públicos, por meio de fundo próprio;

XV – organizar e manter os serviços oficiais de estatística, geografia, geologia e cartografia de âmbito nacional;

XVI – exercer a classificação, para efeito indicativo, de diversões públicas e de programas de rádio e televisão;

XVII – conceder anistia;

XVIII – planejar e promover a defesa permanente contra as calamidades públicas, especialmente as secas e as inundações;

XIX – instituir sistema nacional de gerenciamento de recursos hídricos e definir critérios de outorga de direitos de seu uso;

XX – instituir diretrizes para o desenvolvimento urbano, inclusive habitação, saneamento básico e transportes urbanos;

XXI – estabelecer princípios e diretrizes para o sistema nacional de viação;

XXII – executar os serviços de polícia marítima, aeroportuária e de fronteiras;

XXIII – explorar os serviços e instalações nucleares de qualquer natureza e exercer monopólio estatal sobre a pesquisa, a lavra, o enriquecimento e reprocessamento, a industrialização e o comércio de minérios nucleares e seus derivados, atendidos os seguintes princípios e condições:

a) toda atividade nuclear em território nacional somente será admitida para fins pacíficos e mediante aprovação do Congresso Nacional;

b) sob regime de permissão, são autorizadas a comercialização e a utilização de radioisótopos para a pesquisa e usos médicos, agrícolas e industriais;

c) sob regime de permissão, são autorizadas a produção, comercialização e utilização de radioisótopos de meia-vida igual ou inferior a duas horas;

d) a responsabilidade civil por danos nucleares independe da existência de culpa;

XXIV – organizar, manter e executar a inspeção do trabalho;

XXV – estabelecer as áreas e as condições para o exercício da atividade de garimpagem, em forma associativa.

Art. 22. Compete privativamente à União legislar sobre:

I – direito civil, comercial, penal, processual, eleitoral, agrário, marítimo, aeronáutico, espacial e do trabalho;

II – desapropriação;

III – requisições civis e militares, em caso de iminente perigo e em tempo de guerra;

IV – águas, energia, informática, telecomunicações e radiodifusão;

V – serviço postal;

VI – sistema monetário e de medidas, títulos e garantias dos metais;

VII – política de crédito, câmbio, seguros e transferência de valores;

VIII – comércio exterior e interestadual;

IX – diretrizes da política nacional de transportes;

X – regime dos portos, navegação lacustre, fluvial, marítima, aérea e aeroespacial;

XI – trânsito e transporte;

XII – jazidas, minas, outros recursos minerais e metalurgia;

XIII – nacionalidade, cidadania e naturalização;

XIV – populações indígenas;

XV – emigração e imigração, entrada, extradição e expulsão de estrangeiros;

XVI – organização do sistema nacional de emprego e condições para o exercício de profissões;

XVII – organização judiciária, do Ministério Público e da Defensoria Pública do Distrito Federal e dos Territórios, bem como organização administrativa destes;

XVIII – sistema estatístico, sistema cartográfico e de geologia nacionais;

XIX – sistemas de poupança, captação e garantia da poupança popular;

XX – sistemas de consórcios e sorteios;

XXI – normas gerais de organização, efetivos, material bélico, garantias, convocação e mobilização das polícias militares e corpos de bombeiros militares;

XXII – competência da polícia federal e das polícias rodoviária e ferroviária federais;

XXIII – seguridade social;

XXIV – diretrizes e bases da educação nacional;

XXV – registros públicos;

XXVI – atividades nucleares de qualquer natureza;

XXVII – normas gerais de licitação e contratação, em todas as modalidades, para as administrações públicas diretas, autárquicas e fundacionais da União,

Estados, Distrito Federal e Municípios, obedecido o disposto no art. 37, XXI, e para as empresas públicas e sociedades de economia mista, nos termos do art. 173, § 1º, III;

XXVIII – defesa territorial, defesa aeroespacial, defesa marítima, defesa civil e mobilização nacional;

XXIX – propaganda comercial.

Parágrafo único. Lei complementar poderá autorizar os Estados a legislar sobre questões específicas das matérias relacionadas neste artigo.

Art. 23. É competência comum da União, dos Estados, do Distrito Federal e dos Municípios:

I – zelar pela guarda da Constituição, das leis e das instituições democráticas e conservar o patrimônio público;

II – cuidar da saúde e assistência pública, da proteção e garantia das pessoas portadoras de deficiência;

III – proteger os documentos, as obras e outros bens de valor histórico, artístico e cultural, os monumentos, as paisagens naturais notáveis e os sítios arqueológicos;

IV – impedir a evasão, a destruição e a descaracterização de obras de arte e de outros bens de valor histórico, artístico ou cultural;

V – proporcionar os meios de acesso à cultura, à educação e à ciência;

VI – proteger o meio ambiente e combater a poluição em qualquer de suas formas;

VII – preservar as florestas, a fauna e a flora;

VIII – fomentar a produção agropecuária e organizar o abastecimento alimentar;

IX – promover programas de construção de moradias e a melhoria das condições habitacionais e de saneamento básico;

X – combater as causas da pobreza e os fatores de marginalização, promovendo a integração social dos setores desfavorecidos;

XI – registrar, acompanhar e fiscalizar as concessões de direitos de pesquisa e exploração de recursos hídricos e minerais em seus territórios;

XII – estabelecer e implantar política de educação para a segurança do trânsito.

Parágrafo único. Leis complementares fixarão normas para a cooperação entre a União e os Estados, o Distrito Federal e os Municípios, tendo em vista o equilíbrio do desenvolvimento e do bem-estar em âmbito nacional.

Art. 24. Compete à União, aos Estados e ao Distrito Federal legislar concorrentemente sobre:

I – direito tributário, financeiro, penitenciário, econômico e urbanístico;

II – orçamento;

III – juntas comerciais;

IV – custas dos serviços forenses;

V – produção e consumo;

VI – florestas, caça, pesca, fauna, conservação da natureza, defesa do solo e dos recursos naturais, proteção do meio ambiente e controle da poluição;

VII – proteção ao patrimônio histórico, cultural, artístico, turístico e paisagístico;

VIII – responsabilidade por dano ao meio ambiente, ao consumidor, a bens e direitos de valor artístico, estético, histórico, turístico e paisagístico;

IX – educação, cultura, ensino e desporto;

X – criação, funcionamento e processo do juizado de pequenas causas;

XI – procedimentos em matéria processual;

XII – previdência social, proteção e defesa da saúde;

XIII – assistência jurídica e Defensoria pública;

XIV – proteção e integração social das pessoas portadoras de deficiência;

XV – proteção à infância e à juventude;

XVI – organização, garantias, direitos e deveres das polícias civis.

§ 1º No âmbito da legislação concorrente, a competência da União limitar-se-á a estabelecer normas gerais.

§ 2º A competência da União para legislar sobre normas gerais não exclui a competência suplementar dos Estados.

§ 3º Inexistindo lei federal sobre normas gerais, os Estados exercerão a competência legislativa plena, para atender a suas peculiaridades.

§ 4º A superveniência de lei federal sobre normas gerais suspende a eficácia da lei estadual, no que lhe for contrário.

Capítulo III

Dos Estados Federados

Art. 25. Os Estados organizam-se e regem-se pelas Constituições e leis que adotarem, observados os princípios desta Constituição.

§ 1º São reservadas aos Estados as competências que não lhes sejam vedadas por esta Constituição.

[...]

Capítulo IV
Dos Municípios
Art. 29. O Município reger-se-á por lei orgânica, votada em dois turnos, com o interstício mínimo de dez dias, e aprovada por dois terços dos membros da Câmara Municipal, que a promulgará, atendidos os princípios estabelecidos nesta Constituição, na Constituição do respectivo Estado e os seguintes preceitos:
[...]

Art. 30. Compete aos Municípios:
I – legislar sobre assuntos de interesse local;
II – suplementar a legislação federal e a estadual no que couber;
III – instituir e arrecadar os tributos de sua competência, bem como aplicar suas rendas, sem prejuízo da obrigatoriedade de prestar contas e publicar balancetes nos prazos fixados em lei;
IV – criar, organizar e suprimir distritos, observada a legislação estadual;
V – organizar e prestar, diretamente ou sob regime de concessão ou permissão, os serviços públicos de interesse local, incluído o de transporte coletivo, que tem caráter essencial;
VI – manter, com a cooperação técnica e financeira da União e do Estado, programas de educação infantil e de ensino fundamental;
VII – prestar, com a cooperação técnica e financeira da União e do Estado, serviços de atendimento à saúde da população;
VIII – promover, no que couber, adequado ordenamento territorial, mediante planejamento e controle do uso, do parcelamento e da ocupação do solo urbano;
IX – promover a proteção do patrimônio histórico-cultural local, observada a legislação e a ação fiscalizadora federal e estadual.
[...]

Capítulo V
Do Distrito Federal e dos Territórios
Seção I
Do Distrito Federal
Art. 32. O Distrito Federal, vedada sua divisão em Municípios, reger-se-á por lei orgânica, votada em dois turnos com interstício mínimo de dez dias, e aprovada por dois terços da Câmara Legislativa, que a promulgará, atendidos os princípios estabelecidos nesta Constituição.

§ 1° Ao Distrito Federal são atribuídas as competências legislativas reservadas aos Estados e Municípios.

[...]

Capítulo VII
Da Administração Pública
Seção I
Disposições Gerais

Art. 37. A administração pública direta e indireta de qualquer dos Poderes da União, dos Estados, do Distrito Federal e dos Municípios obedecerá aos princípios de legalidade, impessoalidade, moralidade, publicidade e eficiência e, também, ao seguinte:

I – os cargos, empregos e funções públicas são acessíveis aos brasileiros que preencham os requisitos estabelecidos em lei, assim como aos estrangeiros, na forma da lei;

II – a investidura em cargo ou emprego público depende de aprovação prévia em concurso público de provas ou de provas e títulos, de acordo com a natureza e a complexidade do cargo ou emprego, na forma prevista em lei, ressalvadas as nomeações para cargo em comissão declarado em lei de livre nomeação e exoneração;

[...]

XXI – ressalvados os casos especificados na legislação, as obras, serviços, compras e alienações serão contratados mediante processo de licitação pública que assegure igualdade de condições a todos os concorrentes, com cláusulas que estabeleçam obrigações de pagamento, mantidas as condições efetivas da proposta, nos termos da lei, o qual somente permitirá as exigências de qualificação técnica e econômica indispensáveis à garantia do cumprimento das obrigações.

[...]

Questões para revisão

1) Qual a natureza do Distrito Federal? Trata-se de estado, município ou nenhum deles?

2) Quando falamos em Administração Pública, do que estamos tratando?

3) Sobre os municípios, é correto afirmar:
a) Os municípios têm como lei principal a Constituição Municipal.
b) Os municípios compõem o Estado.
c) A criação de novos municípios é livre, dependendo apenas da vontade da população interessada.
d) Estados e municípios têm as mesmas competências.

4) Sobre os princípios da Administração Pública, é correto afirmar:
a) A impessoalidade determina que a Administração deve tratar todos igualmente, sem favorecimentos ou desvantagens.
b) A legalidade aponta que a lei pode ser deixada de lado sempre que o Administrador entender que ela é inconveniente.
c) A publicidade permite aos governantes investir verbas públicas em divulgação de obras e serviços do Estado.
d) A eficiência é um princípio que não é de observância obrigatória, já que nem sempre a Administração pode ser eficiente.

5) O que é a competência legislativa?
a) Ocorre no caso em que uma lei é considerada bem feita; logo, o Legislativo foi competente.
b) É o poder que a Constituição dá para que a União legisle sobre todos os assuntos de interesse do Brasil.
c) É o poder que a Constituição dá para cada um dos entes da federação de legislar sobre determinados assuntos.
d) É uma regra da Constituição que impede a chamada ***guerra fiscal*** entre os estados.

Questões para reflexão

1) No Brasil, é comum existirem disputas entre estados e os municípios para a atração de novos investimentos. Reflita sobre essa disputa, analisando se isso é saudável ao país ou se traz mais problemas do que benefícios.

2) É comum em nossa federação os estados e municípios se queixarem de abuso de poder por parte da União, que utilizaria suas competências e sua força para arrecadar mais tributos e fazer com que os outros entes fiquem a ela submetidos.
Reflita sobre essa situação, discutindo se é conveniente que a União seja mesmo mais forte que os estados e os municípios ou se não seria melhor que estes tivessem mais força e capacidade de atuação.

V

Organização dos poderes

Conteúdos do capítulo:

» Poderes Executivo, Legislativo e Judiciário: funções, organização e características.

O Título IV da Constituição traz outro assunto próprio de um texto constitucional: regulamenta a organização dos três poderes, sua composição e sua forma de exercício.

Como vimos anteriormente, o Brasil é um Estado democrático de direito, em que o poder é de titularidade do povo, mas é exercido geralmente por meio de representantes. Excepcionalmente é exercido diretamente. Também já vimos que se adota a chamada *tripartição dos poderes*, separando-se as funções do Executivo, do Legislativo e do Judiciário.

Neste capítulo, veremos como a Constituição organiza cada um desses poderes e quais funções são atribuídas a cada um deles. Também analisaremos aqui a forma de composição dos poderes, apontando como os representantes do povo responsáveis pelo exercício deles são escolhidos.

5.1 Poder Legislativo

O Poder Legislativo é o responsável por discutir e criar as leis que devem regulamentar o Estado e a sociedade. Ele é o único que pode inovar o ordenamento jurídico, ou seja, criar, modificar ou revogar leis.

Os outros poderes eventualmente podem emitir normas, também de observância obrigatória, mas que se destinam apenas a regulamentar o que as leis prolatadas pelo Poder Legislativo determinam. Dessa forma, um decreto do Poder Executivo destina-se apenas a regulamentar a forma como será cumprida a lei, mas não pode inovar o ordenamento jurídico. A norma do Poder Executivo deve restringir-se ao que dispõe a lei, não podendo ir além daquilo que ela determina. A criação, a modificação ou a alteração do ordenamento são tarefas exclusivas do Legislativo, sendo vedado aos outros poderes a interferência que afete essa competência.

A Constituição regulamenta o funcionamento e a composição do Congresso Nacional, composto por duas casas, Câmara dos Deputados e Senado Federal. Também aponta como é o processo legislativo, que é o procedimento que deve ser adotado pelo parlamento na discussão e aprovação de novas leis. O Poder Legislativo tem ainda função de fiscalização contábil, financeira e orçamentária. Vejamos cada uma dessas funções.

■ Congresso Nacional: Câmara dos Deputados e Senado Federal

A Constituição Federal regulamenta o funcionamento do Congresso Nacional. Por regra de simetria, essas disposições são utilizadas analogicamente no âmbito dos Legislativos estaduais e municipais, que têm o regulamento próprio nas Constituições Estaduais e nas leis orgânicas.

No plano federal, o Legislativo adota o sistema bicameral, em que as deliberações devem passar por ambas as casas antes de serem aprovadas. Assim, temos o Congresso Nacional, composto por suas duas casas: o Senado Federal e a Câmara dos Deputados.

O Senado Federal é próprio do sistema federativo porque tem como função a representação dos estados no parlamento federal. Por esse motivo, o número de senadores por estado é fixado em três representantes. Assim, independentemente do tamanho da população do estado, ele terá sempre três senadores. Em virtude disso, o Senado é composto por 81 senadores (26 estados e Distrito Federal).

Em nossa opinião, o número fixo por estado é uma distorção séria no sistema democrático. Este se baseia prioritariamente na igualdade de todos nas decisões. Porém, a igualdade é seriamente afetada em virtude da representatividade dos senadores. Explica-se. São Paulo é o estado mais populoso da federação, com quase 40 milhões de habitantes em 2007, de acordo com estimativa do Instituto Brasileiro de Geografia e Estatística (IBGE, 2007). Já Roraima é o menos populoso, com pouco mais de 395 mil habitantes. Pela representação do Senado Federal, um senador de São Paulo representa mais de 13 milhões de brasileiros, enquanto um senador de Roraima representa pouco mais de 130 mil. Ou seja, o senador de São Paulo representa cem vezes mais brasileiros que o senador de Roraima.

Ora, se na democracia todos são iguais nas deliberações, como pode um grupo de 130 mil pessoas ter o mesmo peso que um grupo de treze milhões? Porque é isso que acontece. Nas votações do Senado Federal, o voto de cada senador tem igualmente o mesmo peso, independentemente da quantidade de cidadãos representados. Dessa forma, entendemos absolutamente inadequada a forma como são divididas as vagas do Senado Federal, já que ferem fortemente a democracia.

Essa crítica não se destina a desmerecer os estados menores, mas apenas a apontar a desproporção de representatividade existente no Senado. Por certo que os estados, em uma federação, devem ter representantes, mas tal representatividade deve ser ajustada de acordo com o peso do respectivo estado quanto ao número de cidadãos representados.

Os senadores têm mandatos de oito anos, sendo que a cada quatro se renovam, alternadamente, um e dois senadores. Sua escolha é no âmbito estadual pelo sistema majoritário, de forma que o candidato mais votado no estado conquiste a vaga ao Senado Federal.

Já a Câmara dos Deputados é tida como a casa em que se encontram os representantes do povo, os deputados federais. O número de deputados varia de acordo com a população do estado representado. A Constituição determina, todavia, que nenhum estado terá menos que 8 ou mais que 70 deputados. Essa limitação mínima e máxima também traz distorções como a apontada em relação ao Senado Federal, ainda que mais brandas. Esse sistema impõe a São Paulo um máximo de 70 deputados (em função da população, poderia ter mais) e a estados menores o mínimo de 8 deputados (levando a uma distorção na representatividade). Os estados médios, em geral, têm um número adequado de representantes, de maneira que a distorção na Câmara não é tão grave quanto no Senado.

Atualmente, a Câmara dos Deputados é composta por 513 integrantes. O mandato do deputado federal é de 4 anos, sendo que sua eleição se dá no âmbito estadual pelo sistema proporcional. Por ele, computam-se os votos dados a cada partido de maneira a verificar quantas vagas cada um obteve. Estas são preenchidas pelos candidatos mais votados do partido.

Há uma discussão para a alteração desse sistema, quando poderia ser adotado o chamado *sistema da lista fechada*. Nesse sistema, o partido, na convenção interna, decidiria quem são os candidatos e elaboraria uma lista de ordem deles. O eleitor votaria apenas no partido, e não no candidato. Se um determinado partido, por exemplo, conquistasse duas vagas, estariam eleitos os dois primeiros nomes da lista. Outra ideia é o chamado *voto distrital*, em que o candidato não mais receberia votos do estado inteiro, mas apenas de um determinado distrito, composto por uma ou mais cidades, de acordo com o número de habitantes.

Além da questão da forma da escolha dos parlamentares e da composição das casas, a Constituição estabelece as competências do Congresso Nacional. Estabelece também competências privativas de cada uma das casas. A competência do Congresso Nacional inclui a deliberação sobre todas as matérias de competência da União Federal vistas anteriormente, legislando sobre os assuntos a ela atribuídos.

A Constituição também atribui ao Congresso competências exclusivas, aquelas indelegáveis a outro órgão. Entre estas, estão a autorização para o presidente declarar guerra ou celebrar a paz, a aprovação do estado de defesa e da intervenção federal, a autorização para o estado de sítio e outros assuntos relativos à remuneração, à escolha de membros do TCU etc.

A Constituição estabelece, ainda, competências apenas para a Câmara dos Deputados, a qual tem a competência privativa para instaurar processo contra o presidente da República, o vice-presidente e os ministros; proceder à tomada de contas do presidente, quando não apresentadas no prazo; eleger os membros do Conselho da República; e dispor sobre sua organização interna. O Senado Federal também possui competências privativas, destacando-se a competência para processar e julgar, por crime de responsabilidade, o presidente, o vice-presidente, os ministros e os comandantes das Forças Armadas, os ministros do STF, membros do Conselho Nacional de Justiça e do Conselho Nacional do Ministério Público, o procurador-geral da União e o advogado-geral da União.

Os crimes de responsabilidade são aqueles praticados pelos ocupantes de cargos públicos que ofendam valores do Estado, como democracia, federação e república. Esses crimes são mais atos políticos que crimes, pois se referem aos casos de ofensa ao exercício de direitos, a liberdades e garantias e a direitos políticos. Os mais conhecidos são os chamados *crimes de improbidade*. O Senado tem ainda competência para aprovar nomes de magistrados, como ministros do STF e outras autoridades, como o presidente do Banco Central.

A Constituição ainda trata das prerrogativas e vedações dos parlamentares. As prerrogativas a eles concedidas justificam-se pela necessidade de os parlamentares serem livres de pressões e imunes a perseguições políticas ou ideológicas em razão de suas opiniões. Quanto às deliberações das casas do Congresso, a Constituição estabelece como regra a aprovação pela chamada *maioria relativa*. Essa é a maioria dos parlamentares presentes à sessão, correspondendo à metade mais um dos membros da casa. Assim, por exemplo, para a Câmara dos Deputados aprovar uma matéria, é necessária a presença da maioria dos seus membros, que são, no total, 513. Logo, precisam estar presentes 257. Destes, prevalece a vontade da maioria. Dessa forma, uma lei pode ser aprovada na Câmara dos Deputados com 129 votos, se presentes 257 deputados. Já a chamada *maioria absoluta* é a maioria dos membros da casa. Nas matérias em que é exigida, para haver aprovação na Câmara dos Deputados, devem ser obtidos 257 votos.

A regra é a maioria relativa, mas a Constituição, em algumas passagens, exige maioria absoluta ou mesmo quórum ainda mais qualificado para deliberação. Examinaremos esse aspecto a seguir, ao analisar o processo legislativo.

Processo legislativo

O processo legislativo é o conjunto de atos e procedimentos que devem ser adotados para a criação de uma nova lei. Nesse capítulo, a Constituição aponta de que forma o ordenamento jurídico pode ser inovado pelo Legislativo, determinando quais os passos para discussão e aprovação de uma nova lei. Aqui também encontramos a emenda à Constituição, que trata de uma previsão da própria Constituição sobre a forma como ela mesma pode ser alterada. Vejamos inicialmente a emenda à Constituição, para depois analisarmos as demais espécies normativas.

a) Emenda à Constituição

Trata-se da alteração da própria Constituição. Como é a norma do topo da hierarquia jurídica, inexiste outra norma superior que determine qual a forma de emenda, sendo então a própria Constituição que estabelece como deve ela ser alterada.

A Constituição determina que a emenda só poderá ser proposta por, no mínimo, um terço dos membros da Câmara dos Deputados ou do Senado Federal, pelo presidente da República ou por mais da metade das Assembleias Legislativas, por meio da deliberação por maioria relativa dos seus membros. A Constituição é taxativa no rol dos possíveis proponentes da emenda. Só estes podem propô-la, não sendo sequer conhecida a proposta que não atenda a esses requisitos.

A emenda à Constituição deve ser votada em dois turnos em cada uma das casas do Congresso, sendo aprovada pelo voto de três quintos dos seus membros, em cada uma das votações. Uma vez aprovada, ela é promulgada, não passando por sanção ou veto do presidente da República. Isso ocorre porque não se trata de um mero exercício do Poder Legislativo, mas de exercício do Poder Constituinte Derivado, sendo o Congresso autônomo para alterar o texto constitucional em função de ser o titular de tal poder. A Constituição veda a emenda à Constituição quando o país se encontrar em determinadas situações, tais como intervenção federal, estado de defesa ou de sítio.

Por último, o Poder Constituinte Originário preservou parte das matérias da Constituição fora do âmbito da emenda à Constituição. Como vimos anteriormente trata-se de assuntos imutáveis, ou seja, devem permanecer da mesma maneira como foram aprovados quando da elaboração da Constituição. Essas matérias são comumente denominadas de *cláusulas pétreas* e destinam-se a manter o Estado minimamente relacionado com o espírito original da Constituição. Se não existissem, seria permitida a alteração de todo o texto constitucional, de maneira que poderia o Estado vir a ser descaracterizado.

> *Cláusulas pétreas são textos da lei que não podem ser alterados.*

São assuntos tão importantes para o constituinte originário que este entendeu que só poderiam ser alterados quando fosse elaborada nova Constituição, pois nesta deveriam permanecer como estão. A Constituição assim dispõe:

> Art. 60
> [...]
> § 4º Não será objeto de deliberação a proposta de emenda tendente a abolir:
> I – a forma federativa de Estado;
> II – o voto direto, secreto, universal e periódico;
> III – a separação dos Poderes;
> IV – os direitos e garantias individuais.

Notemos que o dispositivo não admite sequer a deliberação da proposta, ou seja, não permite sequer sua discussão. Portanto, a forma federativa não pode ser abolida, assim como o voto, a separação dos poderes e os direitos e garantias fundamentais.

É por causa dessa cláusula, por exemplo, que entendemos ser inviável no Brasil a criação da pena de morte fora do estado de guerra declarada. A vedação a esse tipo de pena está contida no art. 5º, inciso XLVII, "a". É nesse artigo que estão os direitos e as garantias individuais. Portanto, assim se qualifica e não pode ser alterado por emenda à Constituição. No Brasil, então, só poderá haver pena de morte se acontecer uma alteração na Constituição.

> *No Brasil só poderá haver pena de morte fora do estado de guerra se acontecer uma alteração na Constituição.*

O mesmo ocorre com a questão da maioridade penal. O art. 228 da Constituição determina que são penalmente inimputáveis os menores de 18 anos. Mesmo não estando contido no art. 5º, parece ser um direito e garantia fundamental do adolescente, de maneira que se trata de cláusula pétrea não sujeita a alteração. Caso ocorra, dependerá da apreciação do Judiciário, que deve decidir se é ou não direito ou garantia individual. De qualquer forma, as cláusulas pétreas têm a intenção de manter na Constituição suas características mais básicas, como a democracia, a separação dos poderes, os direitos e as garantias e a federação.

b) Demais leis e normas do processo legislativo

Ao lado das emendas à Constituição, estão sujeitas ao processo legislativo as leis ordinárias, as leis complementares, as leis delegadas, as medidas provisórias, os decretos legislativos e as resoluções.

Os *decretos legislativos* e as *resoluções* são normas que a Constituição exige em alguns casos, como para suspensão de eficácia de lei ou dispositivo declarado inconstitucional pelo STF. As *leis delegadas* tratam da delegação de poder de legislar ao presidente da República sobre determinadas matérias. Essas leis são praticamente inexistentes atualmente, porque o presidente se vale da *medida provisória*, instrumento muito mais sedutor que a lei delegada, conforme veremos a seguir.

Quando falamos em lei, geralmente estamos nos referindo às *leis ordinárias*. Estas são utilizadas para regulamentar todas as matérias, exceto aquelas que devem ser tratadas por lei complementar, conforme especifica a Constituição. Lei ordinária é o instrumento mais comum utilizado para inovar o ordenamento jurídico. É aprovada por maioria relativa.

A *lei complementar* é exigida pela Constituição em alguns casos específicos. Entendemos que assim se denomina porque ela complementa a Constituição, ou seja, ela traz regras que completam o texto constitucional. Para serem aprovadas, exigem maioria absoluta.

As leis e outros atos normativos precisam ter início por um projeto. Um projeto de lei pode ser proposto por qualquer membro ou comissão do Congresso Nacional, pelo presidente da República, pelo STF, pelos tribunais superiores, pelo procurador-geral da República e pelos cidadãos, em iniciativa popular.

Vamos ver o caminho pelo qual as leis ordinária e complementar passam para serem aprovadas: o projeto é proposto por um dos legitimados pela Constituição. Se foi proposta por um senador, sua tramitação inicia-se pelo Senado. Se proposta por qualquer um dos demais, inicia-se pela Câmara dos Deputados. Na casa de início, é discutida nas comissões e, se aprovada, vai a votação em plenário. Se aprovada, é enviada a outra casa, que novamente a discute em comissões e a vota no plenário. Se a casa revisora (a segunda casa) procede a alguma alteração no texto aprovado pela primeira, deve o projeto a ela retornar. A primeira casa analisará apenas a alteração realizada pela casa revisora, aceitando-a ou rejeitando-a. Caso não ocorram alterações ou após a deliberação sobre elas, aprovada a lei em ambas as casas, o processo vai para sanção presidencial.

O presidente, se concordar com o projeto, pode sancioná-lo e enviá-lo para publicação no Diário Oficial. A partir daí a lei ganha publicidade e seu texto torna-se obrigatório. O presidente, todavia, pode vetá-la total ou parcialmente. Caso o veto seja parcial, a parte não vetada vai para publicação.

O veto, parcial ou total, retorna ao Congresso Nacional, onde é apreciado em seção conjunta da Câmara dos Deputados e do Senado Federal. O veto, então, é deliberado por meio de voto secreto. Caso a maioria absoluta dos membros do Congresso rejeite o veto, a lei passa a vigorar com os artigos vetados. Caso contrário, são eles mantidos.

c) Medida provisória

> A medida provisória é um instrumento colocado à disposição do presidente da República. Por meio desse dispositivo, podem ser adotadas medidas, com força de lei, em casos de relevância e urgência. A Constituição prevê que, uma vez adotada a medida provisória pelo presidente da República, esta imediatamente passa a ter vigência e eficácia, já que tem força de lei. Ou seja, unilateralmente, o presidente da República legisla, sem que se tenha observado o processo legislativo.

Justamente por isso é que se trata de exceção, apenas para casos de relevância e urgência. Todavia, esses requisitos vêm sendo descumpridos pelos presidentes da República, havendo uma excessiva edição de medidas provisórias desde a entrada em vigor da Constituição de 1988.

O processo da medida provisória funciona assim: uma vez publicada, ela é remetida ao Congresso Nacional para deliberação. Lá, inicia-se a votação pela Câmara dos Deputados, que pode aprová-la tal qual veio do Executivo, alterá-la ou rejeitá-la. O mesmo ocorre, posteriormente, com o Senado Federal. Uma vez aprovada, ou aprovada com alterações, é convertida em lei ordinária.

A medida provisória tem prazo de vigência de 60 dias a partir de sua publicação, podendo esse prazo ser prorrogado uma vez pelo mesmo período, caso ela ainda não tenha sido votada. Caso não tenha sido votada até 45 dias após a publicação, entra em regime de urgência, suspendendo as demais votações da casa onde se encontra até que seja votada. Como se diz corriqueiramente, é quando "a medida provisória tranca a pauta".

Caso a medida provisória não seja convertida em lei no prazo determinado, perde a eficácia, devendo o Congresso Nacional editar decreto legislativo para regulamentar as relações jurídicas decorrentes da medida provisória no período em que ela teve eficácia.

Anteriormente, era permitido ao presidente da República editar e reeditar as medidas provisórias quantas vezes quisesse. Ou seja, havia um prazo para vigência da medida, mas, quando o prazo findava, ele simplesmente a reeditava para novo período de vigência. Como o Congresso não deliberava sobre as medidas enviadas, algumas delas eram reeditadas dezenas de vezes, vigorando por anos sem que fossem convertidas em lei.

Visando evitar esse problema, foi adotada a Emenda à Constituição nº 32, de 11 de setembro de 2001*, que estabeleceu os prazos anteriormente vistos e acabou melhorando o regime das medidas. É certo que o uso dessas medidas continua indiscriminado, todavia o prazo agora exige a deliberação pelo Congresso Nacional para continuar em vigor, de maneira que a situação anterior de vigência da medida sem discussão democrática não mais existe.

Pelo uso excessivo de medidas provisórias é que não se usa a lei delegada no Brasil. Para que lei delegada se o presidente pode, sozinho, editar medida com força de lei desde o momento de sua publicação? Por isso, a lei delegada se constitui em um dispositivo pouco usado em nosso direito.

* Para acessar a Emenda Constitucional nº 32/2001 na íntegra, acesse: <http://www.planalto.gov.br/ccivil_03/Constituicao/Emendas/Emc/emc32.htm>

■ Fiscalização contábil, financeira e orçamentária

Além da função de legislar, a qual caracteriza o Poder Legislativo, a Constituição lhe atribuiu mais uma função de grande importância: a fiscalização contábil, financeira e orçamentária.

De acordo com o art. 70 da Constituição, o controle verificará a legalidade, a legitimidade, a economicidade, a aplicação das subvenções e a renúncia de receitas da União e de todas as entidades da Administração direta e indireta.

O controle do legislativo, então, é bastante amplo, pois atinge todos os órgãos e entes da Administração Pública. São analisados o cumprimento do orçamento, a efetiva aplicação dos recursos nas despesas, a devida escrituração das despesas e das receitas, a regularidade dos valores cobrados (evitando-se, por exemplo, superfaturamentos) e qualquer outra irregularidade que possa estar relacionada com os gastos e as receitas da Administração.

> *O Poder Legislativo tem também a função de fiscalização contábil, financeira e orçamentária.*

A Constituição, ainda, ampliou a fiscalização:

> Art. 70. [...] Parágrafo único.
> Prestará contas qualquer pessoa física ou jurídica, pública ou privada, que utilize, arrecade, guarde, gerencie ou administre dinheiros, bens e valores públicos ou pelos quais a União responda, ou que, em nome desta, assuma obrigações de natureza pecuniária.

Assim, qualquer pessoa que tenha contato com dinheiro público deve prestar contas e está sujeita à fiscalização.

O recebimento de verbas públicas é assunto dos mais sérios, uma vez que boa parte daquilo que é gasto pelo Estado vem dos particulares na forma de tributos. Estes representam sacrifício do contribuinte no pagamento, aumentando custos de produção ou diminuindo a renda disponível. Assim, não é possível qualquer concessão quando se trata de verbas públicas e sua utilização: trata-se de dinheiro de todos, que merece ser bem empregado na busca pelo bem comum e nas atividades do Estado.

A Constituição estabeleceu que o controle, de uma maneira geral, será exercido em duas esferas: interna e externa.

O *controle interno* é exercido pelas próprias entidades da Administração. Assim, cada órgão público ou entidade da Administração indireta deve ter um controle interno com a função de fiscalização. É como uma auditoria interna em cada órgão. O responsável pelo controle interno, se tomar conhecimento de alguma irregularidade, deve de imediato tomar as providências cabíveis. Se assim não proceder, pode ser responsabilizado solidariamente pela irregularidade que omitiu.

Já o *controle externo* é exercido pelo Poder Legislativo, sendo que, no caso do governo federal, é exercido pelo Congresso Nacional, que o faz com o auxílio do TCU. Este é um órgão pertencente ao Poder Legislativo e é organizado como um tribunal do Poder Judiciário. Seus membros gozam das mesmas prerrogativas e garantias dos membros daquele poder.

Por ser um órgão administrativo, as decisões do Tribunal de Contas sempre estarão sujeitas à revisão pelo Poder Judiciário, já que só a este cabe o exercício da jurisdição no Brasil. Todavia, a decisão do Tribunal de Contas que determine a devolução de dinheiro tem força de título executivo extrajudicial, ou seja, uma vez que um administrador público é condenado pelo Tribunal de Contas a devolver dinheiro, essa decisão será apenas executada no Judiciário. Dessa forma, não se discutirá mais a irregularidade ou não do ato que ocasionou o processo de restituição do valor; este será apenas cobrado no Judiciário. Assim, reconhece-se à decisão do Tribunal de Contas uma grande relevância.

A Constituição estabelece que as contas apresentadas pelo presidente da República serão julgadas pelo Congresso Nacional, após parecer prévio do Tribunal de Contas. As demais pessoas que têm obrigação de prestar contas em função do recebimento ou administração de verbas públicas têm suas contas julgadas pelo Tribunal de Contas.

Esse órgão tem ainda diversas funções de fiscalização, como analisar a regularidade das admissões de pessoal, realizar auditorias, requerer as contas quando não apresentadas e outras funções relacionadas a essa atividade.

No âmbito dos estados e dos municípios, por regra de simetria, existem os tribunais de contas estaduais. Estes são compostos de maneira semelhante à observada no tribunal da União, contando seus membros com as mesmas garantias e direitos dos membros da magistratura. Os Poderes Legislativos estadual e municipal têm também a função de controle externo, com funcionamento semelhante ao da União Federal. É vedada pela Constituição a criação de tribunais de contas municipais, ou seja, como órgão de apoio do Poder Legislativo municipal. Os que já existiam antes da atual Constituição foram mantidos (por exemplo, o do município de São Paulo), mas agora não é possível a criação de novos.

5.2 Poder Executivo

A Constituição aponta que o Poder Executivo é exercido pelo presidente da República, auxiliado pelos ministros de Estado. Por regra de simetria, o executivo estadual é exercido pelo governador, auxiliado pelos secretários estaduais, e o municipal, pelo prefeito municipal, auxiliado pelos secretários municipais.

Nosso sistema é o chamado *presidencialista*, em que a chefia de Estado e de governo é exercida pelo presidente da

República. Tem forte inspiração no sistema dos EUA, que funciona da mesma maneira. Já a Europa tem uma tradição mais parlamentarista, em que a chefia de Estado é exercida por um monarca ou por um presidente, e a chefia de governo é exercida pelo primeiro-ministro. No parlamentarismo, geralmente o primeiro-ministro é escolhido entre os membros do parlamento. Trata-se de um governo muito mais vinculado ao parlamento e ao Poder Legislativo, pois o primeiro-ministro, antes de mais nada, é um parlamentar. O presidente ou monarca tem funções principalmente decorativas e protocolares, ficando o trabalho efetivo de administração do país, que é próprio do Poder Executivo, nas mãos do primeiro-ministro.

Como temos um sistema presidencialista, a figura do presidente da República é bastante forte, reunindo muitos poderes. O presidente do sistema presidencialista, em geral, é mais forte que o primeiro-ministro no sistema parlamentarista.

> No presidencialismo, ainda, o Executivo é exercido de maneira mais distante do Legislativo, já que o presidente é eleito para o cargo diretamente pela população. São raras as hipóteses de afastamento do presidente. No parlamentarismo, o primeiro-ministro é eleito por seus pares e perde o poder no momento em que perde a maioria no parlamento. O presidente da República, por sua vez, continua presidente, com maioria ou sem maioria no parlamento.

Não há como dizer qual sistema é melhor, já que o modelo dos EUA parece funcionar bastante bem nesse país, da mesma maneira que funciona bem o modelo europeu de parlamentarismo. Parece que importa mais a consciência do povo de que só o seu voto é que mantém um político no poder e que, por isso, ele deve ser cobrado para que faça aquilo que dele se espera. Qualquer dos dois modelos funcionaria mal em uma democracia que não funciona direito.

O presidente da República possui competências extensas e variadas, que abrangem a livre nomeação e a exoneração dos ministros, a celebração de tratados internacionais, a sanção e o veto das leis, a decretação do estado de defesa e de sítio, a nomeação de magistrados e membros do Tribunal de Contas, o comando das Forças Armadas e a edição de medidas provisórias.

São, portanto, diversas competências atribuídas a apenas uma pessoa pelo período de quatro anos, podendo se reeleger para outro período idêntico. A eleição do presidente ocorre pelo sistema majoritário, ou seja, o candidato que obtiver a maioria dos votos válidos vence.

Com o presidente é eleito o vice-presidente, que não possui funções específicas na Constituição. Ela apenas menciona que o vice deve ajudar o presidente sempre que este o incumbir de missões especiais. O vice-presidente substitui o presidente em caso de impedimento e o sucede em caso de vaga do cargo. Essa hipótese ocorre quando o titular morre no exercício do cargo, renuncia ou é deposto por qualquer motivo. Caso faltem o presidente e o vice, são chamados para exercer a presidência, nesta ordem, o presidente da Câmara dos Deputados, o do Senado Federal ou o do STF.

Quanto aos ministros de Estado, estes são de livre nomeação e exoneração pelo presidente. São seus auxiliares. O número dos ministérios e a competência de cada um não são estabelecidos pela Constituição, pois se trata de assunto de organização interna da Administração, que pode ser alterado de acordo com a conveniência. O número de ministérios pode ser aumentado ou diminuído de acordo com a vontade do presidente, cabendo a ele a escolha de uma estrutura mais complexa ou mais enxuta.

A Constituição ainda menciona os crimes de responsabilidade do presidente, que são aqueles contra o Estado e as instituições. Tais crimes geralmente ensejam o afastamento do presidente, o também chamado *impedimento* ou *impeachment.*

No âmbito do Poder Executivo, a Constituição ainda cria dois órgãos de consulta: o Conselho da República e o Conselho de Defesa Nacional.

O *Conselho da República* é composto pelo vice-presidente, pelos presidentes da Câmara e do Senado, pelos líderes da maioria e pela minoria da Câmara e do Senado, pelo ministro da Justiça e por 6 brasileiros natos, maiores de 35 anos, 2 escolhidos pelo presidente, 2 eleitos pelo Senado e 2 pela Câmara. É órgão de consulta do presidente da República, que deve pronunciar-se em caso de intervenção federal e questões relevantes para a estabilidade das instituições democráticas. Como apenas presta consulta, sua opinião não tem efeito vinculante sobre a decisão do presidente, ou seja, este pode decidir como melhor lhe aprouver, mesmo que o Conselho tenha opinado de maneira contrária.

O *Conselho de Defesa Nacional* é composto pelo vice-presidente, pelo presidente da Câmara e do Senado, pelos ministros da Justiça, da Defesa, das Relações Exteriores e do Planejamento e pelos comandantes das Forças Armadas. Tem função de opinar em assuntos de soberania nacional e defesa do Estado democrático. Deve opinar sobre a declaração de guerra, a celebração da paz, a decretação dos estados de defesa e de sítio e a intervenção federal. Deve propor critérios sobre utilização de áreas necessárias à segurança nacional, bem como estudar e propor iniciativas para garantir a independência nacional e o Estado democrático de direito.

5.3 Poder Judiciário

O Poder Judiciário tem a função de dirimir os litígios que lhe são apresentados pela aplicação da lei ao caso concreto. Em um mundo ideal, a lei seria suficientemente descritiva e clara para resolver todas as situações da vida que precisam de regulamentação. Dessa forma, não haveria dúvida quanto ao direito a ser aplicado. Bastaria consultar a lei que trata do assunto e lá estaria a solução para o problema, a qual seria adotada e por todos aceita.

Não é o que ocorre, todavia. A lei, por mais bem redigida que seja, é elaborada em um momento anterior aos atos que ela regulamenta. Ou seja, ela será aplicada no futuro. Também a lei é abstrata, não trata de casos concretos específicos, apenas dá soluções para situações genéricas que prevê. Assim, havendo um caso concreto a ser resolvido, pode acontecer de ser mais complexo que o previsto pela lei, não sendo esta suficiente para dar a solução completa necessária ou gerando discussão sobre a aplicação de outras leis que sejam a ela semelhantes e deem soluções diversas ao caso.

Ainda, há o problema das leis mal redigidas e da complexidade do ordenamento jurídico, fato que atinge especialmente o Brasil. Há um excesso de normas, muitas vezes mal redigidas e elaboradas, como afirmamos, que acabam entre si conflitando, de maneira a gerar dúvidas sobre qual direito é aplicável a cada caso. Dessa forma, a aplicação da lei não é uma tarefa automática, sendo necessária, para tanto, a atuação de um sistema composto por advogados, promotores, juízes e outros operadores do direito que se dedicam a interpretar a lei e aplicá-la ao caso concreto.

Encontramos, então, a função do Judiciário. Em muitas ocasiões da vida real, instauram-se litígios entre duas ou mais partes sobre a aplicação da lei a um determinado caso. Uma parte pretende a aplicação de uma lei, a outra entende que é outra lei. Essas posições, via de regra, são defendidas por advogados, que são os profissionais legalmente habilitados a levar o litígio ao Judiciário.

O Poder Judiciário, por meio do devido processo legal, colhe os argumentos das partes, as provas necessárias e, com base em uma série de critérios, decide qual parte tem razão.

Como dissemos anteriormente, no Brasil, só o Judiciário tem o poder de assim atuar tomando decisões em caráter definitivo. Ou seja, uma vez transitada em julgado a decisão, quando contra ela não mais cabe recurso, torna-se definitivo o seu conteúdo e deve ela ser obedecida pelas partes do processo.

A tarefa do juiz não é livre. Para tomar sua decisão, ele deve seguir uma série de critérios, que devem ser expostos em sua decisão, de forma que possam ser posteriormente contestados em recursos pela parte prejudicada. Ainda, o juiz está restrito à aplicação da lei, mesmo que não concorde com o seu conteúdo.

Desse modo, a tarefa do Judiciário nada tem a ver com fazer justiça, mas, sim, com a aplicação da lei. O conceito de justiça está fora do direito, porque é vago e subjetivo. Cada pessoa tem uma noção do que seja justo, de maneira que o que é justo para uma pessoa não o é para outra. É por isso que existe lei, ou seja, os representantes do povo, reunidos no parlamento, votam aquilo que a maioria considera justo e transformam em lei. A minoria que acha aquilo injusto deve se submeter à vontade da maioria.

> **Importante**
>
> O Judiciário, dos três poderes, é o único que funciona apenas quando provocado. Os demais poderes podem, e devem, tomar a iniciativa de promover as atividades de sua responsabilidade. O Judiciário, todavia, só atua na solução de litígios quando estes lhe são propostos. Dessa forma, não pode atuar de ofício, detectando o litígio e chamando para si a solução sem que ninguém lhe tenha pedido. A atuação de ofício é exceção à regra, admitida apenas quando expressamente determinada pela lei.

O Brasil adota o sistema denominado *Civil Law*, continental ou germânico. É o sistema adotado pelos países da Europa continental e baseia-se na solução dos litígios tendo como fonte primária a lei. Assim, havendo um litígio, deve o juiz verificar o que diz a lei sobre o assunto e aplicá-la. A lei é chamada de *fonte primária do direito*. Havendo dúvida quanto a qual lei aplicar ou sendo a lei omissa, o juiz utiliza as fontes secundárias, que são, por exemplo, jurisprudência, costumes e doutrina. A jurisprudência é o conjunto de decisões reiteradas de um tribunal sobre determinado assunto. O costume são os usos e os costumes da sociedade sobre o assunto, que podem fundamentar a decisão. A doutrina são os escritos e os estudos de juristas.

O sistema da *Civil Law* opõe-se à chamada *Common Law*, que é o sistema adotado na Inglaterra e nos EUA. Nesse sistema, a fonte primária do direito é o costume, sendo a lei fonte secundária. A jurisprudência tem papel mais forte, sendo uma fonte mais relevante que a lei em muitos casos. Nesse sistema, a lei pode ser desconsiderada em favor do costume.

Vejamos, a seguir, como o Judiciário se organiza no Brasil.

Organização e estrutura do Poder Judiciário

O órgão de cúpula do Poder Judiciário é o Supremo Tribunal Federal (STF). É composto por 11 ministros nomeados pelo presidente da República e aprovados pelo Senado Federal.

Além de órgão de cúpula do Judiciário, o STF acumula a função de corte constitucional, responsável pela guarda da Constituição Federal e pelas decisões finais acerca da constitucionalidade ou não de leis ou atos normativos.

Dessa forma, demandas provenientes de qualquer ramo do Judiciário podem chegar ao STF quando versarem sobre assuntos constitucionais. Como nossa Constituição é muito extensa e trata de uma variedade muito grande de assuntos, a maioria das demandas envolve algum aspecto constitucional, de maneira que o STF recebia um número excessivo de recursos, muitas vezes repetitivos, que lhe prejudicava o funcionamento. Por isso, foi criada na reforma do Judiciário, em 2005, a necessidade de que o recurso proposto ao STF tenha repercussão geral para ser aceito. Isso significa que precisa ter relevância social, econômica ou política, para que seja apreciado e julgado pelo STF.

Esse órgão tem competências originárias, que são ações propostas diretamente a ele, como as ações diretas de inconstitucionalidade e as ações declaratórias de constitucionalidade, o julgamento do presidente, do vice e dos membros do Congresso por infrações penais comuns, a extradição solicitada por país estrangeiro e outras previstas na Constituição. O STF também tem competência para julgar, em grau de recurso, causas propostas em primeira instância que tenham relevância e questão constitucional envolvida.

Abaixo do STF temos os ramos do Judiciário, geralmente divididos em função dos assuntos tratados individualmente por eles. Cada ramo, em regra, possui primeira e segunda instância e uma corte superior. Iniciaremos pelo Superior Tribunal de Justiça (STJ) e pelas Justiças Federal e Estadual, que são as mais numerosas em volume de processos e magistrados.

A Justiça Federal e a Justiça dos estados, também chamada de *Justiça Estadual*, são justiças não especializadas. Ou seja, o que não é de competência das outras Justiças é de competência ou da Justiça Federal, ou da Estadual.

Ambas têm como corte superior o STJ, que é sediado em Brasília e tem como função julgar casos em que haja ofensa à lei federal. Também tem competências originárias, como o STF.

Abaixo do STJ, estão a Justiça Federal e a Estadual. A Justiça Federal julga todas as causas que tenham como parte a União Federal, seus órgãos, autarquias e empresas públicas ou que sejam do interesse destes. Trata-se de competência em função da pessoa, ou seja, estando presentes uma dessas pessoas e não sendo competência dos outros ramos da Justiça, a causa deve ser julgada pela Justiça Federal.

A Justiça Federal divide-se em cinco regiões, cada região abrangendo dois ou mais estados. Na sede de cada região há um Tribunal Regional Federal (TRF), que se constitui na segunda instância da Justiça Federal. Dentro de cada região existem diversas varas federais, onde trabalham os juízes federais e os juízes federais substitutos. As varas são a primeira instância do Judiciário federal.

A Justiça Estadual, como o próprio nome já diz, pertence a cada estado da federação. Seu orçamento vem de verbas estaduais. Sua sede é na capital de cada estado, na qual se situa o Tribunal de Justiça (TJ), que é o órgão de segunda instância do Judiciário estadual. O estado é dividido em comarcas, que podem abranger um ou mais municípios. Em cada comarca, pode haver uma ou mais varas, em que trabalham os juízes de direito e os juízes de direito substitutos. As varas compõem a primeira instância do Judiciário estadual. A Justiça Estadual tem competência residual, ou seja, todas as demandas que não sejam de competência dos outros ramos do Judiciário e que não sejam de competência da Justiça Federal são da Justiça Estadual. Isso não significa que esta tenha poucos processos a julgar, muito pelo contrário; a Justiça Estadual é a que mais tem processos, pois julga quase todos os crimes comuns, questões de família, questões empresariais, ou seja, tudo que se refira a demandas entre particulares. Também na Justiça Estadual estão as demandas que tenham como partes os estados e os municípios.

Já os outros ramos da Justiça são especializados em função das matérias que devem julgar. Todas essas justiças são ligadas à União Federal, tendo orçamento vinculado a esse ente.

A Justiça do Trabalho tem competência para julgar as questões relacionadas às relações de trabalho. Seu tribunal superior é o Tribunal Superior do Trabalho (TST). A segunda instância é composta pelos Tribunais Regionais do Trabalho (TRTs), que abrangem regiões que podem compreender um ou mais estados. As regiões dividem-se em varas do trabalho, nas quais trabalham os juízes do trabalho e os juízes do trabalho substitutos. Estes constituem a primeira instância da Justiça do Trabalho.

A Justiça Eleitoral tem a função de registrar os eleitores e julgar as questões relativas às eleições, como propaganda eleitoral, candidaturas etc. Tem como corte superior o Tribunal Superior Eleitoral (TSE). Por se tratar de uma justiça com menor volume de processos, não existe uma carreira própria de juiz eleitoral, como ocorre com os outros ramos. Nas outras justiças, o bacharel em direito faz o concurso específico para o cargo de juiz federal substituto, juiz do trabalho substituto etc. Na Justiça Eleitoral, isso não ocorre. Essa justiça funciona mediante a nomeação de juízes estaduais ou federais para que acumulem, além de suas tarefas normais, o julgamento das causas eleitorais. Tal função é temporária e remunerada. Isso ocorre em todas as instâncias, sendo o TSE composto por ministro do STF e do STJ e por advogados nomeados. Cada estado possui um Tribunal Regional Eleitoral (TRE), que é a segunda instância do Judiciário eleitoral. A primeira instância é exercida pelos juízes estaduais ou federais dos locais nos quais são necessários, nomeados e remunerados para acumularem as funções da Justiça Eleitoral.

Por fim, existe a Justiça Militar, que tem a função de julgar apenas os crimes militares. Ela tem como corte superior o Superior Tribunal Militar (STM). A segunda instância é exercida por tribunais regionais, e a primeira, por juízes militares.

Em todos os ramos da Justiça, exceto no eleitoral, o ingresso na carreira de juiz se dá por concurso público. O cargo inicial é de substituto, o que não diminui a competência do magistrado, apenas designa um juiz em início de carreira. A decisão de um substituto tem a mesma força e importância de um titular. De acordo com critérios legais, o juiz substituto pode ser promovido a titular.

Na segunda instância, os tribunais são majoritariamente compostos por juízes de carreira, oriundos da primeira instância. A Constituição prevê o chamado *quinto constitucional*, no qual um quinto das vagas dos tribunais será preenchida por advogados indicados pela Ordem dos Advogados do Brasil (OAB) e por membros do Ministério Público (MP). Em todos os casos, a nomeação é feita pelo governador, a partir de lista tríplice, na Justiça Estadual, ou pelo presidente da República, também a partir de lista tríplice, nas Justiças Federal, Militar e do Trabalho.

O STJ é composto por dois terços de desembargadores estaduais ou federais, oriundos dos TJs ou dos TRFs. Um terço dos ministros é oriundo da advocacia e do MP.

Os ministros do STF são nomeados pelo presidente com posterior aprovação pelo Senado Federal. Não precisam ser oriundos da magistratura, da advocacia ou do MP; basta que tenham idade mínima de 35 anos, reputação ilibada e conhecimento jurídico notório.

Aos membros da magistratura, seja da instância que for, a Constituição garante prerrogativas que se destinam a assegurar sua independência e sua imparcialidade. Entre essas garantias, está a chamada *vitaliciedade*, que se confere ao magistrado após dois anos de exercício do cargo em primeira instância e de imediato nos demais. Determina que o magistrado só perderá seu cargo em decorrência de sentença judicial transitada em julgado. Por outro lado, a Constituição veda algumas atividades aos magistrados, como o recebimento de custas e participação em processos e a participação em atividade político-partidária.

Funções essenciais à Justiça

A Constituição identifica, ao lado do Poder Judiciário, algumas funções essenciais à Justiça. Não se trata de órgãos ou entidades pertencentes ao Poder Judiciário, mas de entes a ele externos que têm funções essenciais para seu bom funcionamento.

Essas funções podem ser identificadas em dois grandes grupos: o *MP* e a *advocacia*. Esta última subdivide-se ainda em *advocacia pública* e *defensoria pública*.

O MP pertence ao Poder Executivo, mas possui autonomia e independência plenas com relação a esse poder. Por muitos é quase considerado como um quarto poder, pois não se subordina aos outros três poderes.

Esse aumento do poder do MP ocorreu em função da Constituição de 1988, que lhe atribuiu uma série de prerrogativas, além de lhe garantir autonomia e orçamento próprios, afastando-o das ingerências do Poder Executivo.

O MP, classicamente, tem duas funções principais: *custus legis e dominus litis*. *Custus legis* é a função de fiscal da lei, ou seja, o MP atua como um ente que pode intervir em qualquer processo, concedendo pareceres ou mesmo como parte, quando identificar a necessidade de preservar o interesse público ou interesses de partes menos favorecidas. Sua intervenção é obrigatória em causas que envolvem menores, por exemplo. Nessa função, ainda, o MP pode propor ação popular ou ação civil pública a fim de resguardar direitos coletivos, tais como os relacionados ao meio ambiente, ao patrimônio histórico e cultural e a outros que sejam de interesse da coletividade. Comumente se menciona que o MP é o "advogado da sociedade", pois atua na defesa dos interesses que são pertencentes a todos.

Já a função de *dominus litis* é mais tradicional no MP, pois se refere à sua função de promover a ação penal nos crimes em que ela é pública. Assim, quando um crime é cometido, é apurado pela polícia através de inquérito policial. Quando este é concluído, é encaminhado ao MP, que analisa se há elementos suficientes que indiquem o crime e, em caso positivo, propõe denúncia à Justiça. A partir do recebimento da denúncia pelo Judiciário, inicia-se a ação penal, que pode culminar na condenação do acusado em pena restritiva de liberdade ou de direito. São de responsabilidade do MP a propositura e o acompanhamento de toda a ação penal, atuando em nome da sociedade para processar aquele que comete algum crime.

Após a Constituição de 1988, o MP vem atuando fortemente em investigações e procedimentos contra o crime organizado e em ações de administradores que lesem o patrimônio público. Em alguns casos, há excessos na atuação, já que cada membro do MP tem autonomia com relação aos demais, ou seja, não há uma hierarquia entre os membros, sendo cada um relativamente livre no seu campo de competência. Em virtude disso, algumas atuações às vezes são conflitantes e desnecessárias, mas no geral o MP tem contribuído significativamente para a moralização da Administração e o combate ao crime.

O MP, via de regra, existe em paralelo aos órgãos do Judiciário. Existem, então, a Justiça Federal e o MP Federal; a Justiça do Trabalho e o MP do Trabalho, e assim sucessivamente. A forma de ingresso dos membros na carreira se dá por concurso público. No âmbito dos MPs dos estados, o membro do MP que atua em primeira instância é chamado de *promotor de justiça*. Depois, ele pode ser promovido para atuar em segunda instância, quando é designado de *procurador de justiça*. No MP Federal são todos denominados de *procuradores da República*. Na Justiça Eleitoral, vigora para o MP o mesmo sistema dos magistrados: os membros do MP Federal e Estadual atuam como promotores eleitorais temporariamente e mediante remuneração, não havendo um quadro próprio de MP no ramo eleitoral. As prerrogativas e os direitos dos membros do MP são semelhantes aos dos magistrados, assegurando sua independência.

Outra função essencial da Justiça é a advocacia. No nosso sistema, o advogado é o profissional habilitado a postular em Juízo. Isso significa que, quando alguém pretende propor ao Judiciário um litígio, deve fazer por intermédio de advogado. Isso ocorre como maneira de assegurar à parte a melhor representação perante o Judiciário, que é extremamente técnico em suas decisões. O leigo não habilitado certamente estaria em desvantagem se não fosse devidamente representado por um profissional com qualificação para entender o processo e postular em Juízo de maneira a receber para sua questão uma resposta adequada. A postulação em Juízo sem advogado só é admitida em alguns casos excepcionais, como a propositura de *habeas corpus* ou em causas de menor complexidade e valor.

> **Importante**
>
> Dentro da advocacia encontramos a chamada *advocacia pública*, que se refere aos órgãos públicos encarregados da representação e da defesa dos entes da federação e de outras entidades públicas nos processos em que são partes.

No âmbito da União, a defesa judicial, a representação e a consultoria em assuntos jurídicos cabem à Advocacia-Geral da União. Dentro dela existem procuradorias especializadas, de acordo com a atividade de cada órgão, destacando-se a Procuradoria da Fazenda Nacional, encarregada de defender a União nos processos tributários e de cobrar a dívida ativa, composta por tributos não pagos pelos contribuintes.

Por fim, ainda dentro da advocacia, encontramos a *defensoria pública*. Trata-se de um órgão que tem a função de atender às pessoas que não têm condições de arcar com um advogado privado. Esse órgão, então, tem advogados admitidos por concurso público, encarregados do atendimento dessas pessoas, de forma a permitir amplo acesso ao Judiciário.

Na reforma do Judiciário de 2005, foram criados dois órgãos novos, que são considerados de controle externo do Judiciário e do MP. Até a reforma, o Judiciário e o MP dispunham apenas de controles internos dos seus atos. Dessa forma, a má atuação de um magistrado ou membro do MP era apurada e punida internamente apenas. Isso acarretava uma certa sensação de corporativismo dessas entidades quando vistas de fora, já que, em alguns casos de comprovadas irregularidades ou de má atuação de seus membros, acabavam aplicando penas pequenas.

Assim, entendeu-se necessária a criação de um controle externo do Poder Judiciário e do MP. Com isso, nasceram o Conselho Nacional de Justiça (CNJ) e o Conselho Nacional do Ministério Público (CNMP), que têm a função de fiscalizar os atos e revisar os processos de aplicação de penalidades e outros casos em que existam reclamações. O papel exato desses órgãos ainda está em definição, já que são novos e ainda com pouca atuação, mas sua criação, sem dúvida, representa um avanço no controle da moralidade e da legalidade no Judiciário e no MP.

Controle de constitucionalidade

A Constituição atribui ao Poder Judiciário a função de controle da constitucionalidade das leis e dos atos normativos.

Como vimos anteriormente, a Constituição é a norma do topo da hierarquia do ordenamento jurídico. Nenhuma outra norma pode contrariar o que ela diz. Quando isso ocorre, diz-se que tal norma padece do vício da inconstitucionalidade e deve ser extirpada do ordenamento.

Para que se identifique uma norma inconstitucional e posteriormente ela seja retirada do ordenamento jurídico, é necessário um processo previsto pela própria Constituição Federal: o controle de constitucionalidade. A Constituição atribui esse controle ao Judiciário apenas, de maneira que no nosso sistema uma norma vigente só pode ser declarada inconstitucional por decisão judicial.

A Constituição estabelece duas formas de controle que podem ser exercidas pelo Judiciário: o concentrado e o difuso.

O *controle concentrado*, também chamado de *abstrato*, é exercido apenas pelo STF. Nesse caso, a Constituição permite a propositura da ação direta de inconstitucionalidade (ADIn), que pode ser proposta apenas por alguns legitimados que a Constituição aponta (presidente da República, partido com representação no Congresso etc.). Essa ação tem por objetivo apenas a declaração de inconstitucionalidade em tese de uma lei ou ato normativo. É em tese porque não analisa a lei aplicada a um caso concreto, ou seja, não precisa haver aplicação da norma para que a ADIn seja proposta. No mesmo dia em que a lei é publicada pode ser objeto de ADIn, requerendo a declaração da sua inconstitucionalidade.

O *controle abstrato* é assim chamado também porque a ação é analisada apenas em tese, ou seja, analisa-se a lei sem a sua aplicação. O STF verifica o que dispõe a lei e determina se está adequada ou não ao que dispõe a Constituição Federal.

Caso o STF julgue a ADIn procedente e declare a lei inconstitucional, a decisão vale para todos, ou seja, a lei deixa imediatamente de ser aplicada. A Administração Pública não pode mais aplicá-la, já que a decisão do STF é vinculante. O mesmo ocorre com o restante do Judiciário, que não pode contrariar a decisão do STF e aplicar a lei declarada inconstitucional.

O controle concentrado conta ainda com a ação direta de constitucionalidade (ADC), que se admite quando existem interpretações divergentes de tribunais de instância inferior sobre o mesmo assunto. A ADC pode ser proposta pelos mesmos legitimados da ADIn. A diferença está no objeto em que se requer que o STF afirme a constitucionalidade da lei em discussão. Os efeitos da decisão são os mesmos, há vinculação dos demais órgãos do Judiciário e da Administração Pública.

Outro meio de controle da constitucionalidade apontado na Constituição é o chamado *difuso* ou *concreto*. Essa forma de controle pode ser exercida por qualquer órgão do Poder Judiciário, em qualquer instância. Por isso é denominado de *difuso*. Aqui, a questão da constitucionalidade da lei é incidental a um processo com outro pedido qualquer. Ou seja, a parte entra com um processo que traz um pedido que, para ser atendido, depende da declaração da inconstitucionalidade de uma lei. Por exemplo, uma empresa entra com um processo para deixar de pagar um tributo porque entende que a lei que institui o tributo é inconstitucional. Nesse caso, o pedido principal do processo é deixar de pagar o tributo. A inconstitucionalidade da lei é só uma questão incidental relacionada com o objeto principal. Difere aqui do controle concentrado, porque lá o objeto da ADIn é a própria declaração de inconstitucionalidade, não há outro pedido.

No controle difuso, a declaração de inconstitucionalidade tem efeito apenas para as partes do processo em que foi proferida. Não há o efeito vinculante do controle concentrado. Havendo recursos no processo em que foi proferida a decisão de inconstitucionalidade, ele poderá chegar ao STF, que dará a palavra final sobre o assunto. Caso o STF confirme a inconstitucionalidade pelo controle difuso, enviará ao Senado Federal ofício comunicando a decisão. O Senado, então, suspende a execução da lei, valendo essa suspensão para todos.

No Brasil, os dois meios de controle coexistem, mas, em alguns países, adota-se um ou outro. O sistema concentrado é de inspiração austríaca; já o difuso deriva do controle de constitucionalidade americano.

Cada um dos meios tem suas vantagens e desvantagens. O sistema concentrado é mais rápido e tem maior abrangência; todavia, critica-se o fato de ser realizado em tese. Afirma-se que a análise em tese da constitucionalidade pode induzir a erro, pois a lei pode aparentar ser constitucional e, posteriormente, quando aplicada, revelar-se inconstitucional. A aplicação da lei também pode ser inconstitucional, mesmo que a lei, em tese, seja constitucional.

Já o controle difuso tem a vantagem de analisar a lei aplicada ao caso concreto. A desvantagem é que é mais vagaroso, de maneira que a decisão de inconstitucionalidade só é aplicada a todos quando o STF decide a questão e o Senado suspende a aplicação. Nesse sistema, só têm a suspensão da lei aqueles que obtêm a decisão nas instâncias inferiores, o que acaba limitando o acesso a essa forma de controle aos cidadãos que têm mais possibilidades de acionar o Judiciário.

Síntese

Neste capítulo, verificamos a Constituição no que se refere ao funcionamento dos poderes da República. Qualquer Estado moderno atual funciona no esquema de tripartição de poderes, com Executivo, Legislativo e Judiciário.

Esses três poderes têm a função de facilitar o trabalho do Estado, dividindo as tarefas que devem ser por ele desempenhadas de maneira que cada poder possa trabalhar da melhor modo possível.

A tripartição, além desse caráter prático, também se destina a fazer com que cada um dos poderes seja controlado pelos demais, de forma que não haja uma excessiva concentração de poder e exista um controle efetivo da coisa pública pelo próprio Estado. Não seria viável o controle se o Estado tivesse as tarefas todas concentradas em um único poder, pois não haveria como controlar esse poder.

Consultando a legislação

Título IV
Da Organização dos Poderes
Capítulo I

Do Poder Legislativo

Seção I

Do Congresso Nacional

Art. 44. O Poder Legislativo é exercido pelo Congresso Nacional, que se compõe da Câmara dos Deputados e do Senado Federal.

Parágrafo único. Cada legislatura terá a duração de quatro anos.

Art. 45. A Câmara dos Deputados compõe-se de representantes do povo, eleitos, pelo sistema proporcional, em cada Estado, em cada Território e no Distrito Federal.

§ 1º O número total de Deputados, bem como a representação por Estado e pelo Distrito Federal, será estabelecido por lei complementar, proporcionalmente à população, procedendo-se aos ajustes necessários, no ano anterior às eleições, para que nenhuma daquelas unidades da federação tenha menos de oito ou mais de setenta Deputados.

§ 2º Cada Território elegerá quatro Deputados.

Art. 46. O Senado Federal compõe-se de representantes dos Estados e do Distrito Federal, eleitos segundo o princípio majoritário.

§ 1º Cada Estado e o Distrito Federal elegerão três Senadores, com mandato de oito anos.

§ 2º A representação de cada Estado e do Distrito Federal será renovada de quatro em quatro anos, alternadamente, por um e dois terços.

§ 3º Cada Senador será eleito com dois suplentes.

Art. 47. Salvo disposição constitucional em contrário, as deliberações de cada Casa e de suas Comissões serão tomadas por maioria dos votos, presente a maioria absoluta de seus membros.

Seção II

Das Atribuições do Congresso Nacional

Art. 48. Cabe ao Congresso Nacional, com a sanção do Presidente da República, não exigida esta para o especificado nos arts. 49, 51 e 52, dispor sobre todas as matérias de competência da União, especialmente sobre:

I – sistema tributário, arrecadação e distribuição de rendas;

II – plano plurianual, diretrizes orçamentárias, orçamento anual, operações de crédito, dívida pública e emissões de curso forçado;

III – fixação e modificação do efetivo das Forças Armadas;

IV – planos e programas nacionais, regionais e setoriais de desenvolvimento;

V – limites do território nacional, espaço aéreo e marítimo e bens do domínio da União;

VI – incorporação, subdivisão ou desmembramento de áreas de Territórios ou Estados, ouvidas as respectivas Assembleias Legislativas;

VII – transferência temporária da sede do Governo Federal;

VIII – concessão de anistia;

IX – organização administrativa, judiciária, do Ministério Público e da Defensoria Pública da União e dos Territórios e organização judiciária, do Ministério Público e da Defensoria Pública do Distrito Federal;

X – criação, transformação e extinção de cargos, empregos e funções públicas, observado o que estabelece o art. 84, VI, b;

XI – criação e extinção de Ministérios e órgãos da administração pública;

XII – telecomunicações e radiodifusão;

XIII – matéria financeira, cambial e monetária, instituições financeiras e suas operações;

XIV – moeda, seus limites de emissão, e montante da dívida mobiliária federal.

XV – fixação do subsídio dos Ministros do Supremo Tribunal Federal, observado o que dispõem os arts. 39, § 4°; 150, II; 153, III; e 153, § 2°, I.

[...]

Seção III

Da Câmara dos Deputados

Art. 51. Compete privativamente à Câmara dos Deputados:

I – autorizar, por dois terços de seus membros, a instauração de processo contra o Presidente e o vice-Presidente da República e os Ministros de Estado;

II – proceder à tomada de contas do Presidente da República, quando não apresentadas ao Congresso Nacional dentro de sessenta dias após a abertura da sessão legislativa;

III – elaborar seu regimento interno;

IV – dispor sobre sua organização, funcionamento, polícia, criação, transformação ou extinção dos cargos, empregos e funções de seus serviços, e a iniciativa de lei para fixação da respectiva remuneração, observados os parâmetros estabelecidos na lei de diretrizes orçamentárias;

V – eleger membros do Conselho da República, nos termos do art. 89, VII.

Seção IV

Do Senado Federal

Art. 52. Compete privativamente ao Senado Federal:

I – processar e julgar o Presidente e o Vice-Presidente da República nos crimes de responsabilidade, bem como os ministros de Estado e os comandantes da Marinha, do Exército e da Aeronáutica nos crimes da mesma natureza conexos com aqueles;

II – processar e julgar os ministros do Supremo Tribunal Federal, os membros do Conselho Nacional de Justiça e do Conselho Nacional do Ministério Público, o procurador-geral da República e o advogado-geral da União nos crimes de responsabilidade;

III – aprovar previamente, por voto secreto, após arguição pública, a escolha de:
a) magistrados, nos casos estabelecidos nesta Constituição;
b) ministros do Tribunal de Contas da União indicados pelo Presidente da República;
c) governador de Território;
d) presidente e diretores do banco central;
e) procurador-Geral da República;
f) titulares de outros cargos que a lei determinar;

IV – aprovar previamente, por voto secreto, após arguição em sessão secreta, a escolha dos chefes de missão diplomática de caráter permanente;

V – autorizar operações externas de natureza financeira, de interesse da União, dos Estados, do Distrito Federal, dos Territórios e dos Municípios;

VI – fixar, por proposta do Presidente da República, limites globais para o montante da dívida consolidada da União, dos Estados, do Distrito Federal e dos Municípios;

VII – dispor sobre limites globais e condições para as operações de crédito externo e interno da União, dos Estados, do Distrito Federal e dos Municípios, de suas autarquias e demais entidades controladas pelo Poder Público federal;

VIII – dispor sobre limites e condições para a concessão de garantia da União em operações de crédito externo e interno;

IX – estabelecer limites globais e condições para o montante da dívida mobiliária dos Estados, do Distrito Federal e dos Municípios;

X – suspender a execução, no todo ou em parte, de lei declarada inconstitucional por decisão definitiva do Supremo Tribunal Federal;

XI – aprovar, por maioria absoluta e por voto secreto, a exoneração, de ofício, do procurador-geral da República antes do término de seu mandato;

XII – elaborar seu regimento interno;

XIII – dispor sobre sua organização, funcionamento, polícia, criação, transformação ou extinção dos cargos, empregos e funções de seus serviços, e a iniciativa de lei para fixação da respectiva remuneração, observados os parâmetros estabelecidos na lei de diretrizes orçamentárias;

XIV – eleger membros do Conselho da República, nos termos do art. 89, VII;

XV – avaliar periodicamente a funcionalidade do Sistema Tributário Nacional, em sua estrutura e seus componentes, e o desempenho das administrações tributárias da União, dos Estados e do Distrito Federal e dos Municípios.

Parágrafo único. Nos casos previstos nos incisos I e II, funcionará como presidente o do Supremo Tribunal Federal, limitando-se a condenação, que somente será proferida por dois terços dos votos do Senado Federal, à perda do cargo, com inabilitação, por oito anos, para o exercício de função pública, sem prejuízo das demais sanções judiciais cabíveis.

Seção V
Dos Deputados e dos Senadores

Art. 53. Os deputados e senadores são invioláveis, civil e penalmente, por quaisquer de suas opiniões, palavras e votos.

§ 1º Os deputados e senadores, desde a expedição do diploma, serão submetidos a julgamento perante o Supremo Tribunal Federal.

§ 2º Desde a expedição do diploma, os membros do Congresso Nacional não poderão ser presos, salvo em flagrante de crime inafiançável. Nesse caso, os autos serão remetidos dentro de vinte e quatro horas à Casa respectiva, para que, pelo voto da maioria de seus membros, resolva sobre a prisão.

§ 3º Recebida a denúncia contra o senador ou deputado, por crime ocorrido após a diplomação, o Supremo Tribunal Federal dará ciência à Casa respectiva, que, por iniciativa de partido político nela representado e pelo voto da maioria de seus membros, poderá, até a decisão final, sustar o andamento da ação.

§ 4º O pedido de sustação será apreciado pela Casa respectiva no prazo improrrogável de quarenta e cinco dias do seu recebimento pela Mesa Diretora.

§ 5º A sustação do processo suspende a prescrição, enquanto durar o mandato.

§ 6º Os deputados e senadores não serão obrigados a testemunhar sobre informações recebidas ou prestadas em razão do exercício do mandato, nem sobre as pessoas que lhes confiaram ou deles receberam informações.

§ 7º A incorporação às Forças Armadas de Deputados e Senadores, embora militares e ainda que em tempo de guerra, dependerá de prévia licença da Casa respectiva.

§ 8º As imunidades de deputados ou senadores subsistirão durante o estado de sítio, só podendo ser suspensas mediante o voto de dois terços dos membros da Casa respectiva, nos casos de atos praticados fora do recinto do Congresso Nacional, que sejam incompatíveis com a execução da medida.

Art. 54. Os Deputados e Senadores não poderão:

I – desde a expedição do diploma:

a) firmar ou manter contrato com pessoa jurídica de direito público, autarquia, empresa pública, sociedade de economia mista ou empresa concessionária de serviço público, salvo quando o contrato obedecer a cláusulas uniformes;

b) aceitar ou exercer cargo, função ou emprego remunerado, inclusive os de que sejam demissíveis *ad nutum*, nas entidades constantes da alínea anterior;

II – desde a posse:

a) ser proprietários, controladores ou diretores de empresa que goze de favor decorrente de contrato com pessoa jurídica de direito público, ou nela exercer função remunerada;

b) ocupar cargo ou função de que sejam demissíveis *ad nutum*, nas entidades referidas no inciso I, "a";

c) patrocinar causa em que seja interessada qualquer das entidades a que se refere o inciso I, "a";

d) ser titulares de mais de um cargo ou mandato público eletivo.

Art. 55. Perderá o mandato o Deputado ou Senador:

I – que infringir qualquer das proibições estabelecidas no artigo anterior;

II – cujo procedimento for declarado incompatível com o decoro parlamentar;

III – que deixar de comparecer, em cada sessão legislativa, à terça parte das sessões ordinárias da Casa a que pertencer, salvo licença ou missão por esta autorizada;

IV – que perder ou tiver suspensos os direitos políticos;

V – quando o decretar a Justiça Eleitoral, nos casos previstos nesta Constituição;

VI – que sofrer condenação criminal em sentença transitada em julgado.

§ 1º É incompatível com o decoro parlamentar, além dos casos definidos no regimento interno, o abuso das prerrogativas asseguradas a membro do Congresso Nacional ou a percepção de vantagens indevidas.

§ 2º Nos casos dos incisos I, II e VI, a perda do mandato será decidida pela Câmara dos Deputados ou pelo Senado Federal, por voto secreto e maioria absoluta, mediante provocação da respectiva Mesa ou de partido político representado no Congresso Nacional, assegurada ampla defesa.

§ 3° Nos casos previstos nos incisos III a V, a perda será declarada pela Mesa da Casa respectiva, de ofício ou mediante provocação de qualquer de seus membros, ou de partido político representado no Congresso Nacional, assegurada ampla defesa.

§ 4° A renúncia de parlamentar submetido a processo que vise ou possa levar à perda do mandato, nos termos deste artigo, terá seus efeitos suspensos até as deliberações finais de que tratam os §§ 2° e 3°.

Art. 56. Não perderá o mandato o deputado ou senador:

I – investido no cargo de ministro de Estado, governador de Território, secretário de Estado, do Distrito Federal, de Território, de Prefeitura de Capital ou chefe de missão diplomática temporária;

II – licenciado pela respectiva Casa por motivo de doença, ou para tratar, sem remuneração, de interesse particular, desde que, neste caso, o afastamento não ultrapasse cento e vinte dias por sessão legislativa.

§ 1° O suplente será convocado nos casos de vaga, de investidura em funções previstas neste artigo ou de licença superior a cento e vinte dias.

§ 2° Ocorrendo vaga e não havendo suplente, far-se-á eleição para preenchê-la se faltarem mais de 15 meses para o término do mandato.

§ 3° Na hipótese do inciso I, o deputado ou senador poderá optar pela remuneração do mandato.

[...]

Seção VIII
Do Processo Legislativo
Subseção I
Disposição Geral

Art. 59. O processo legislativo compreende a elaboração de:

I – emendas à constituição;

II – leis complementares;

III – leis ordinárias;

IV – leis delegadas;

V – medidas provisórias;

VI – decretos legislativos;

VII – resoluções.

Parágrafo único. Lei complementar disporá sobre a elaboração, redação, alteração e consolidação das leis.

Subseção II
Da Emenda à Constituição
Art. 60. A Constituição poderá ser emendada mediante proposta:
I – de um terço, no mínimo, dos membros da Câmara dos Deputados ou do Senado Federal;
II – do Presidente da República;
III – de mais da metade das Assembleias Legislativas das unidades da federação, manifestando-se, cada uma delas, pela maioria relativa de seus membros.

§ 1º A Constituição não poderá ser emendada na vigência de intervenção federal, de estado de defesa ou de estado de sítio.

§ 2º A proposta será discutida e votada em cada Casa do Congresso Nacional, em dois turnos, considerando-se aprovada se obtiver, em ambos, três quintos dos votos dos respectivos membros.

§ 3º A emenda à constituição será promulgada pelas Mesas da Câmara dos Deputados e do Senado Federal, com o respectivo número de ordem.

§ 4º Não será objeto de deliberação a proposta de emenda tendente a abolir:
I – a forma federativa de Estado;
II – o voto direto, secreto, universal e periódico;
III – a separação dos Poderes;
IV – os direitos e garantias individuais.

§ 5º A matéria constante de proposta de emenda rejeitada ou havida por prejudicada não pode ser objeto de nova proposta na mesma sessão legislativa.

Subseção III
Das Leis
Art. 61. A iniciativa das leis complementares e ordinárias cabe a qualquer membro ou Comissão da Câmara dos Deputados, do Senado Federal ou do Congresso Nacional, ao presidente da República, ao Supremo Tribunal Federal, aos Tribunais Superiores, ao procurador-geral da República e aos cidadãos, na forma e nos casos previstos nesta Constituição.
[...]
Art. 62. Em caso de relevância e urgência, o presidente da República poderá adotar medidas provisórias, com força de lei, devendo submetê-las de imediato ao Congresso Nacional.

§ 1º É vedada a edição de medidas provisórias sobre matéria:
I – relativa a:

a) nacionalidade, cidadania, direitos políticos, partidos políticos e direito eleitoral;

b) direito penal, processual penal e processual civil;

c) organização do Poder Judiciário e do Ministério Público, a carreira e a garantia de seus membros;

d) planos plurianuais, diretrizes orçamentárias, orçamento e créditos adicionais e suplementares, ressalvado o previsto no art. 167, § 3°;

II – que vise à detenção ou sequestro de bens, de poupança popular ou qualquer outro ativo financeiro;

III – reservada a lei complementar;

IV – já disciplinada em projeto de lei aprovado pelo Congresso Nacional e pendente de sanção ou veto do presidente da República.

§ 2° Medida provisória que implique instituição ou majoração de impostos, exceto os previstos nos arts. 153, I, II, IV, V, e 154, II, só produzirá efeitos no exercício financeiro seguinte se houver sido convertida em lei até o último dia daquele em que foi editada.

§ 3° As medidas provisórias, ressalvado o disposto nos §§ 11 e 12 perderão eficácia, desde a edição, se não forem convertidas em lei no prazo de sessenta dias, prorrogável, nos termos do § 7°, uma vez por igual período, devendo o Congresso Nacional disciplinar, por decreto legislativo, as relações jurídicas delas decorrentes.

§ 4° O prazo a que se refere o § 3° contar-se-á da publicação da medida provisória, suspendendo-se durante os períodos de recesso do Congresso Nacional.

§ 5° A deliberação de cada uma das Casas do Congresso Nacional sobre o mérito das medidas provisórias dependerá de juízo prévio sobre o atendimento de seus pressupostos constitucionais.

§ 6° Se a medida provisória não for apreciada em até quarenta e cinco dias contados de sua publicação, entrará em regime de urgência, subsequentemente, em cada uma das Casas do Congresso Nacional, ficando sobrestadas, até que se ultime a votação, todas as demais deliberações legislativas da Casa em que estiver tramitando.

§ 7° Prorrogar-se-á uma única vez por igual período a vigência de medida provisória que, no prazo de sessenta dias, contado de sua publicação, não tiver a sua votação encerrada nas duas Casas do Congresso Nacional.

§ 8º As medidas provisórias terão sua votação iniciada na Câmara dos Deputados.

§ 9º Caberá à comissão mista de Deputados e Senadores examinar as medidas provisórias e sobre elas emitir parecer, antes de serem apreciadas, em sessão separada, pelo plenário de cada uma das Casas do Congresso Nacional.

§ 10. É vedada a reedição, na mesma sessão legislativa, de medida provisória que tenha sido rejeitada ou que tenha perdido sua eficácia por decurso de prazo.

§ 11. Não editado o decreto legislativo a que se refere o § 3º até sessenta dias após a rejeição ou perda de eficácia de medida provisória, as relações jurídicas constituídas e decorrentes de atos praticados durante sua vigência conservar-se-ão por ela regidas.

§ 12. Aprovado projeto de lei de conversão alterando o texto original da medida provisória, esta manter-se-á integralmente em vigor até que seja sancionado ou vetado o projeto.

[...]

Seção IX
Da Fiscalização Contábil, Financeira e Orçamentária
Art. 70. A fiscalização contábil, financeira, orçamentária, operacional e patrimonial da União e das entidades da administração direta e indireta, quanto à legalidade, legitimidade, economicidade, aplicação das subvenções e renúncia de receitas, será exercida pelo Congresso Nacional, mediante controle externo, e pelo sistema de controle interno de cada Poder.

Parágrafo único. Prestará contas qualquer pessoa física ou jurídica, pública ou privada, que utilize, arrecade, guarde, gerencie ou administre dinheiros, bens e valores públicos ou pelos quais a União responda, ou que, em nome desta, assuma obrigações de natureza pecuniária.

Art. 71. O controle externo, a cargo do Congresso Nacional, será exercido com o auxílio do Tribunal de Contas da União, ao qual compete:

I – apreciar as contas prestadas anualmente pelo presidente da República, mediante parecer prévio que deverá ser elaborado em sessenta dias a contar de seu recebimento;

II – julgar as contas dos administradores e demais responsáveis por dinheiros, bens e valores públicos da administração direta e indireta, incluídas as fundações e sociedades instituídas e mantidas pelo Poder Público federal, e as contas daqueles que derem causa a perda, extravio ou outra irregularidade de que resulte prejuízo ao erário público;

III – apreciar, para fins de registro, a legalidade dos atos de admissão de pessoal, a qualquer título, na administração direta e indireta, incluídas as fundações instituídas e mantidas pelo Poder Público, excetuadas as nomeações para cargo de provimento em comissão, bem como a das concessões de aposentadorias, reformas e pensões, ressalvadas as melhorias posteriores que não alterem o fundamento legal do ato concessório;

IV – realizar, por iniciativa própria, da Câmara dos Deputados, do Senado Federal, de Comissão técnica ou de inquérito, inspeções e auditorias de natureza contábil, financeira, orçamentária, operacional e patrimonial, nas unidades administrativas dos Poderes Legislativo, Executivo e Judiciário, e demais entidades referidas no inciso II;

V – fiscalizar as contas nacionais das empresas supranacionais de cujo capital social a União participe, de forma direta ou indireta, nos termos do tratado constitutivo;

VI – fiscalizar a aplicação de quaisquer recursos repassados pela União mediante convênio, acordo, ajuste ou outros instrumentos congêneres, a Estado, ao Distrito Federal ou a Município;

VII – prestar as informações solicitadas pelo Congresso Nacional, por qualquer de suas Casas, ou por qualquer das respectivas Comissões, sobre a fiscalização contábil, financeira, orçamentária, operacional e patrimonial e sobre resultados de auditorias e inspeções realizadas;

VIII – aplicar aos responsáveis, em caso de ilegalidade de despesa ou irregularidade de contas, as sanções previstas em lei, que estabelecerá, entre outras cominações, multa proporcional ao dano causado ao erário;

IX – assinar prazo para que o órgão ou entidade adote as providências necessárias ao exato cumprimento da lei, se verificada ilegalidade;

X – sustar, se não atendido, a execução do ato impugnado, comunicando a decisão à Câmara dos Deputados e ao Senado Federal;

XI – representar ao Poder competente sobre irregularidades ou abusos apurados.
[...]

Questões para revisão

1) Descreva brevemente a função de fiscalização do Poder Legislativo.

2) João foi multado por furar o sinal vermelho. Todavia, o veículo que cometeu a infração não era o de João, sendo comprovado que as placas haviam sido clonadas. Ele recorreu aos órgãos administrativos, que não reconheceram a clonagem e mantiveram a multa. O servidor que trabalha no órgão de trânsito disse-lhe que, após o último recurso administrativo, não há mais nada o que fazer e ele deve pagar a multa.
Essa orientação do servidor está errada ou correta? Justifique.

3) Sobre o controle da constitucionalidade das leis, é correto afirmar:
a) O controle difuso é aquele exercido apenas pelo Supremo Tribunal Federal.
b) O controle de constitucionalidade destina-se a controlar a regularidade dos gastos e dos atos da Administração.
c) Em alguns casos é possível que uma norma jurídica seja contrária à Constituição Federal.
d) O controle de constitucionalidade é exercido apenas pelo Poder Judiciário.

4) Sobre o Poder Executivo, assinale a alternativa correta:
a) Na esfera federal, esse poder tem como chefe o presidente da República.
b) No âmbito estadual, a chefia é exercida pelo governador e pela mesa da Assembleia Legislativa.
c) No âmbito municipal é incorreto falar em chefe do Poder Executivo, sendo o prefeito municipal um mero gestor.
d) O Distrito Federal é chefiado pelo governador de Goiás, pois seu território fica nesse estado.

5) Sobre as espécies normativas, é correto afirmar:
a) A emenda constitucional é aprovada por maioria simples dos membros do Congresso Nacional.
b) A lei complementar é uma norma que visa completar o sentido da lei ordinária.
c) Conforme a Constituição, a medida provisória só pode ser adotada em casos de relevância e urgência.
d) Uma vez aprovada uma lei pelo Congresso, cabe apenas ao presidente da República determinar a sua publicação.

Questões para reflexão

1) Muito se discute sobre a diminuição da maioridade penal no Brasil de 18 para 16 anos.
A maioridade penal aos 18 anos é prevista no art. 228 da Constituição. Logo, qualquer alteração deverá ser feita mediante emenda constitucional.
Por estar prevista na Constituição, muitos juristas consideram que a maioridade penal é um direito e uma garantia individual.
De acordo com o art. 60, §4º, IV, da Constituição, uma emenda constitucional que vise abolir direitos e garantias fundamentais não pode ser sequer discutida pelo Congresso, sendo essa questão considerada cláusula pétrea.
Logo, considera-se que a diminuição da maioridade penal só poderia ocorrer com a edição de uma nova Constituição.
Reflita sobre os seguintes pontos: A maioridade penal é mesmo um direito e uma garantia fundamental? A alteração da maioridade penal para 16 anos ou menos seria "tendente a abolir" esse direito fundamental?

2) O Tribunal de Contas é um órgão auxiliar do Poder Legislativo destinado ao controle dos gastos e contas públicas.

Discuta se o controle por esse tribunal é eficiente, analisando se é mesmo necessário um órgão especial para ele.

VI

Outros assuntos tratados na Constituição

Conteúdos do capítulo:

- » Defesa do Estado e das instituições democráticas.
- » Tributação e orçamento.
- » Ordem econômica e financeira.
- » Ordem social.

Veremos agora outros assuntos tratados na Constituição. Alguns deles são aqueles que, formalmente, não necessariamente deveriam estar contidos no texto constitucional. Todavia, ao elaborar a Constituição, entendeu-se que tais assuntos mereceriam uma proteção mais eficaz, dada pela Constituição, e por isso foram inseridos no seu texto.

6.1 Defesa do Estado e das instituições democráticas

A Constituição prevê dispositivos que permitam ao Estado a manutenção da ordem pública e da segurança. Entre essas medidas, estão previstos na Constituição o *estado de defesa* e o *estado de sítio*. Esses estados necessariamente precisam estar previstos no texto constitucional porque se traduzem em situações de exceção, em que os direitos e garantias fundamentais são temporariamente suprimidos ou reduzidos.

O estado de defesa pode ser decretado pelo presidente da República após consulta ao Conselho da República e ao Conselho de Defesa Nacional. Só pode ser decretado para locais determinados e restritos e justifica-se para restabelecer a ordem pública e a paz social, quando estas forem ameaçadas por grave instabilidade institucional ou forem atingidas por grandes calamidades da natureza.

O estado de defesa pode ter por consequência restrições aos direitos de reunião, sigilo de correspondência e sigilos telegráfico e telefônico, bem como a ocupação temporária de bens e serviços públicos, quando se tratar de calamidade pública. Terá duração de até 30 dias, podendo ser prorrogado por igual período quando perdurarem as causas que o justificaram.

> *O estado de defesa acontece para restabelecer a ordem pública quando esta for ameaçada ou atingida por calamidades da natureza.*

O estado de sítio é decretado da mesma forma que o estado de defesa, quando a medida deste não for eficaz para o objetivo proposto, ou houver comoção grave de repercussão nacional, ou ainda no caso de declaração de guerra ou resposta a armada estrangeira. As consequências podem ser obrigação de permanecer em determinada localidade, detenção em edifício não destinado a presos, restrições à liberdade de imprensa, sigilo de correspondência e comunicações, suspensão da liberdade de reunião, busca e apreensão em domicílios, intervenção em empresas e serviços públicos e requisição de bens.

O estado de sítio tem duração de 30 dias, podendo ser prorrogado por igual período, sucessivamente, enquanto perdurar a guerra externa. Ele só pode ser decretado pelo presidente, depois de autorizado pelo Congresso Nacional. Trata-se de situações de exceções justificadas apenas em casos extremos. Os direitos e garantias fundamentais não podem, a todo momento, ser objeto de afastamento de sua eficácia, de maneira que se tornem inócuos.

Neste capítulo, ainda, encontramos as disposições relativas às Forças Armadas. De acordo com a Constituição, sua função é a defesa da pátria, a garantia dos poderes constitucionais e a manutenção da lei e da ordem.

As Forças Armadas são compostas pela Marinha, pelo Exército e pela Aeronáutica e têm como autoridade máxima o presidente da República. Baseiam seu funcionamento nos pilares da hierarquia e da disciplina.

A Constituição estabelece que os integrantes das Forças Armadas, os militares, submetam-se a regime diverso do observado pelos demais servidores públicos. Por exemplo, não são concedidos ao militar os direito de greve e de sindicalização, admitidos para os demais servidores. O mesmo ocorre com a filiação a partidos políticos, que não é permitida aos militares da ativa.

A Constituição ainda dispõe sobre segurança pública, estabelecendo as polícias existentes no Brasil. De acordo com a Constituição, a segurança pública é direito e responsabilidade de todos e exercida

> *A função das Forças Armadas é a defesa da pátria, a garantia dos poderes constitucionais e a manutenção da lei e da ordem.*

para manutenção da ordem pública, das pessoas e do patrimônio. As polícias, então, têm a função de exercer esse papel.

A Constituição fixa a Polícia Federal, a Polícia Rodoviária Federal e a Polícia Ferroviária Federal como de competência da União Federal. Destaca-se a Polícia Federal como o órgão responsável por apurar crimes cometidos contra bens e direitos da União, bem como para apurar questões relativas a tráfico internacional de entorpecentes, contrabando e descaminho. Exerce também a função de controle de fronteiras por meio da concessão de passaportes e de controle da entrada e de saída do país de brasileiros e estrangeiros.

As Polícias Civis e Militares são de responsabilidade dos estados. A Polícia Civil funciona como polícia judiciária, que tem a função de investigar os crimes, como auxílio à Justiça para que seja possível a punição aos criminosos. A Polícia Militar tem função de preservação da ordem pública e segurança ostensiva, atuando na prevenção e na coerção aos crimes. Os corpos de bombeiros militares também estão ligados aos estados e acumulam a função de defesa civil, atuando em calamidades públicas.

A Constituição faculta, ainda, aos municípios a criação de guarda municipal, a fim de proteger seus bens, serviços e instalações.

6.2 Tributação e orçamento

Conforme vimos até agora, é atribuída ao Estado uma série de atividades e serviços que devem ser efetivamente prestados. A Constituição de 1988 foi bastante minuciosa e extensa no que se refere às atividades que o Estado deve desempenhar, universalizando serviços como saúde, previdência, educação, moradia etc. Tudo isso, todavia, tem um custo. O Estado, em regra, não exerce atividade empresarial que lhe dê lucro. O Brasil não possui reservas de petróleo ou outro mineral que lhe permita prover o Estado de recurso apenas com a exploração dessas riquezas, como ocorre com alguns países do Oriente Médio. Assim, nosso Estado não possui fontes de receita que independam da população. Ou seja, não temos receitas como uma empresa, que ganha seu dinheiro da atividade empresarial, ou receitas derivadas de *royalties* ou outros direitos explorados. A Constituição, então, traz um título que trata exclusivamente da tributação e do orçamento.

A *tributação* é a forma como o Estado brasileiro obtém a maioria das receitas necessárias à sua manutenção e à realização de suas atividades, serviços, obras e políticas. O tributo retira do privado dinheiro que é arrecadado para os cofres públicos. O Estado possui algumas outras receitas derivadas de dividendos de empresas estatais, multas e direitos sobre exploração de riquezas naturais, mas certamente a grande fonte de receita do Estado brasileiro é o tributo.

O conceito de *tributo* não está na Constituição, pois ela mesma remete ao Código Tributário Nacional. Este indica que o tributo é uma prestação pecuniária compulsória – em dinheiro ou em valor possível de ser expresso em dinheiro – que não seja sanção de ato ilícito, instituído por lei e cobrado mediante atividade administrativa plenamente vinculada. Trata-se, portanto, de um pagamento em dinheiro obrigatório do particular ao Estado. Esse pagamento não decorre de um ato ilícito, ou seja, o ato que ocasiona o dever de pagar o tributo deve ser lícito, legal. O pagamento que é justificado como punição de ato ilícito é denominado de *multa* e segue outro regime jurídico.

De acordo com a Constituição, o tributo, para ser cobrado, deve ser instituído por lei. Essa é a norma aprovada pelo Poder Legislativo, de acordo com o processo legislativo determinado na Constituição. Não se admite, portanto, tributo cobrado com base em ato do Poder Executivo. O tributo também é cobrado por atividade administrativa vinculada, de maneira que a sua cobrança deve obedecer às regras da Administração Pública e deve ser realizada na forma estabelecida em lei.

O espírito do tributo é repartir entre toda a sociedade o custo da manutenção do Estado. A atividade deste a todos aproveita, já que todos se beneficiam das obras, dos serviços e das políticas públicas. A repartição, todavia, não é absolutamente igual, ou seja, o custo não é dividido entre todos os cidadãos e o valor cobrado não é o mesmo para todos. A Constituição estabelece critérios para que o impacto da tributação seja o mesmo para todos. Dessa forma, uma pessoa com maior disponibilidade, maior riqueza, deverá contribuir mais para o Estado que alguém mais pobre. Em alguns casos, as pessoas mais pobres são isentas dos tributos. O mesmo deve ocorrer com os tributos incidentes sobre o consumo: deve-se cobrar mais sobre aqueles produtos de luxo, supérfluos, e menos sobre produtos de primeira necessidade, ou mesmo torná-los isentos.

Isso tudo se faz necessário para que a tributação seja sentida igualitariamente por todos os cidadãos. Atualmente, há desigualdade na tributação brasileira, no sentido de que o impacto do tributo nas finanças dos mais pobres é maior do que nas dos mais ricos. Deveria ser igual o impacto, pois a Constituição prega a igualdade da carga suportada por todos para manutenção do Estado.

==A Constituição aponta as regras gerais e os limites para os tributos, indicando garantias e direitos do contribuinte.== O Estado tem a prerrogativa de cobrar o tributo e, para tanto, possui privilégios que ajudam nessa tarefa. Contudo, o poder de tributar não é absoluto, sendo reconhecida, então, pela Constituição Federal uma série de regras e princípios que devem ser observados como forma de se alcançar uma tributação justa, que não prejudique o contribuinte.

Além dos limites e critérios da tributação, a Constituição estabelece cinco formas para cobrar os tributos, que são as chamadas *modalidades tributárias.* São elas: imposto, taxa, contribuição de melhoria, empréstimo compulsório e contribuições.

Os impostos são a modalidade mais tradicional e a que mais arrecada para o Estado. Incidem sobre qualquer fato lícito que não tenha relação com uma atuação estatal. O valor por ele arrecadado não pode ter destinação específica, indo para o caixa geral do Estado. Exemplos: Imposto de Renda (IR), Imposto sobre Circulação de Mercadorias e Serviços (ICMS), Imposto Predial e Territorial Urbano (IPTU) e Imposto sobre a Propriedade de Veículos Automotores (IPVA).

As taxas são o contrário do imposto, ou seja, são cobradas quando há uma atuação estatal em favor do contribuinte, como, no caso de emissão de passaporte. Destinam-se a cobrar do contribuinte o custo da atividade que ele usufruiu. Também não têm destinação específica.

A contribuição de melhoria pode ser cobrada sempre que uma obra pública ocasionar valorização em imóvel. O tributo é cobrado do proprietário do imóvel valorizado e tem a função de repor, no todo ou em parte, o valor despendido na obra. O valor arrecadado também não tem destinação específica.

O empréstimo compulsório é uma modalidade em que o Estado, em casos de calamidade pública, guerra externa ou investimento de relevante interesse nacional, cobra do contribuinte valor que posteriormente é devolvido. O valor arrecadado só pode ser destinado à finalidade que justificou sua criação.

As contribuições são tributos criados para atender a uma determinada finalidade que a Constituição estabelece. O valor arrecadado deve ser destinado para a finalidade que motivou a criação da contribuição. Existem três tipos: corporativas, interventivas e sociais.

As contribuições corporativas são aquelas cobradas das categorias profissionais (Ordem dos Advogados do Brasil – OAB, Conselho Regional de Engenharia, Arquitetura e Agronomia – Crea, Conselho Regional de Medicina – CRM etc.). As interventivas são de intervenção do Estado no domínio Econômico, ou seja, destinam-se a promover uma intervenção do Estado no âmbito privado a fim de corrigir alguma distorção que exista.

As contribuições sociais são em maior número e destinam-se ao financiamento da seguridade social, que engloba saúde, previdência social e assistência social. Grande parte do aumento da carga tributária dos últimos anos ocorreu com a criação de novas contribuições sociais. Esses tributos só podem ser cobrados pela União, e esta não precisa repartir o valor arrecadado com estados e municípios, como ocorre com os impostos, por isso o aumento da carga por meio desses tributos.

A Constituição estabelece as regras gerais e as formas de cobrança dos tributos, os quais, como dito anteriormente, só podem ser cobrados por lei. Mas a lei não pode contrariar a Constituição Federal, que, então, estabelece a competência para os entes da federação criarem os impostos necessários ao seu sustento.

Nesse sentido, a Constituição faz o que se chama de *repartição das competências tributárias*, estabelecendo sobre quais fatos os tributos podem incidir e qual ente da federação pode cobrar tributo sobre qual fato, a fim de assegurar a cada um os meios necessários ao sustento.

Por exemplo, à União Federal é permitida a cobrança de imposto sobre renda e proventos de qualquer natureza. Em virtude disso, pode a União legislar criando o Imposto de Renda (IR) e cobrando tributo sobre esse fato. O mesmo ocorre, por exemplo, com o IPVA; a Constituição permite que os estados cobrem imposto sobre propriedade de veículos automotores.

Os entes da federação, portanto, não podem cobrar imposto fora da competência dada pela Constituição, da mesma maneira que a União não pode criar um tributo sobre um fato atribuído a um estado e vice-versa.

Os fatos atribuídos na competência relacionam-se às demonstrações de capacidade econômica do contribuinte para pagar o tributo.

Dessa forma, ao cobrar o IPVA, o Estado presume a capacidade de contribuir daquele que é proprietário de um veículo automotor, da mesma maneira que se presume essa mesma capacidade do proprietário do imóvel obrigado ao pagamento do IPTU.

Por isso, existem impostos federais, estaduais e municipais. Além dos impostos cuja competência para cobrança é estabelecida pela Constituição, todos os entes da federação podem cobrar taxas e contribuição de melhoria referentes aos serviços e às obras por eles executados.

As contribuições e os empréstimos compulsórios só podem ser instituídos e cobrados pela União Federal. O Distrito Federal soma as competências tributárias de estados e municípios.

A Constituição ainda determina a repartição das receitas de impostos da União com estados e municípios e da receita de impostos dos estados com os municípios. A União aumentou, então, a carga tributária por meio de contribuições, pois estas, via de regra, não são repartidas com os outros entes, somente os impostos são repartidos.

Depois de determinar como o Estado deve arrecadar recursos, a Constituição aponta como eles devem ser gastos. Traz, assim, uma série de regras que orientam como as finanças públicas devem ser organizadas e controladas.

> **Importante**
> As despesas do Estado devem estar todas previstas em lei. Assim, existe o Plano Plurianual (PPA), a Lei de Diretrizes Orçamentárias (LDO) e a Lei do Orçamento Anual (LOA).

O PPA é o que abrange prazo maior, sendo o planejamento orçamentário referente ao período de quatro anos. A LDO traça as diretrizes orçamentárias que devem depois ser observadas pela lei orçamentária.

Nenhuma despesa pode ser realizada sem antes ter sido autorizada pelo orçamento. Isso evita gastos desmedidos e permite o planejamento das finanças públicas com base no valor da arrecadação previsto.

Após 1988, foi alterada a Constituição a fim de permitir a inclusão de regras mais rígidas no que se refere a controle de despesas, permitindo até mesmo a demissão de servidores estáveis quando as despesas estiverem fora dos parâmetros estabelecidos. Junto com essas medidas foi aprovada a chamada *Lei de Responsabilidade Fiscal*, a qual estabeleceu critérios rígidos que limitam os gastos públicos com base nos valores arrecadados.

6.3 Ordem econômica e financeira

Como vimos anteriormente, a Constituição determina que o Brasil é um país liberal, capitalista, mas que preza alguns valores sociais que devem ser respeitados. Ou seja, não temos um capitalismo absoluto, pois ele deve observar limites para poder ser exercido.

É nesse sentido que a Constituição traz um título a respeito da ordem econômica e financeira, em que figuram alguns princípios e limites que devem reger a ordem econômica no Estado brasileiro.

Devemos sempre lembrar que o Brasil preza a não intervenção do Estado na economia. Assim, a Constituição não permite ao governo a direção da economia e a determinação de suas atividades, sendo esta livre para atuar. A intervenção estatal é exceção justificada em alguns casos específicos, geralmente para corrigir distorções.

Podemos destacar, assim, na Constituição a determinação de que o Estado só participará diretamente da atividade econômica em casos de segurança nacional ou relevante interesse coletivo. Nesse sentido, não é permitido ao Estado a exploração de atividade empresarial apenas com a finalidade de auferir lucro. Essa exploração só poderá ocorrer quando justificada na forma da Constituição, ou seja, quando for para o bem do país.

Assim, estatais como Petrobras, Correios e Banco do Brasil devem ter a intenção não do lucro, mas de cumprir com suas funções de acordo com o que diz a Constituição. Uma vez que se constate que não há mais necessidade de exploração direta do Estado sobre essas atividades, devem elas ser desativadas ou vendidas.

A Constituição impõe a essas empresas o regime de direito privado, obrigando-as a competir em pé de igualdade com as concorrentes privadas. Nesse sentido, não se permite a concessão de vantagens às estatais, devendo estas receber do Estado o mesmo tratamento que suas concorrentes.

Por outro lado, impõe-se a essas empresas alguns elementos próprios da Administração Pública, como a necessidade de realizar licitação para contratação de compras e serviços sempre que for possível.

A Constituição traz, ainda, regras próprias acerca da exploração de minérios e petróleo.

Encontramos, também, dentro deste título, capítulo sobre política urbana, determinando, por exemplo, a elaboração de plano diretor para cidades com mais de 20 mil habitantes. Aqui também é permitida a cobrança progressiva do IPTU dos imóveis urbanos mais utilizados, como forma de desestimular a especulação imobiliária e o mau uso do solo.

> *O Estado não permite a concessão de vantagem às estatais. Elas recebem o mesmo tratamento que suas concorrentes.*

A política agrícola e de reforma agrária é em seguida tratada, estabelecendo-se alguns critérios necessários para se determinar o que é a função social da propriedade exigida pela Constituição. Dessa forma, determinam-se quais são os imóveis passíveis de desapropriação para fins de reforma agrária. Trata-se, ainda, de regras para políticas agrícolas, estabelecendo-se como o Estado atuará no auxílio dessa atividade.

Por fim, havia na Constituição tratamento sobre o sistema financeiro nacional, estipulando-se até mesmo limitação dos juros em teto máximo. Todavia, a referida regra nunca foi aplicada e acabou sendo posteriormente revogada, de maneira que hoje o capítulo sobre tal assunto nada mais é que uma declaração de princípios com pouca utilidade.

6.4 Ordem social

Nesse título, a Constituição trata dos assuntos sociais, ou seja, aqueles assuntos relacionados com o atendimento à população, a melhoria da qualidade de vida e assuntos de interesse coletivo.

Trata de início da seguridade social, que abrange os serviços de saúde, previdência social e assistência social. Determina que o atendimento pela seguridade será universal, ou seja, destinado a todos os brasileiros, independentemente de contribuição ou não. No mesmo sentido, o financiamento da seguridade é considerado universal, cobrando-se contribuição para esse fim de toda a sociedade, mesmo daqueles que nunca venham a usufruir do sistema.

Ao lado dessa questão, a Constituição determina o financiamento da seguridade mediante contribuições sociais incidentes sofre folha de salários, faturamento das empresas e lucro. Assim, os valores arrecadados sobre esses fatos devem ser destinados ao financiamento da seguridade social.

No âmbito da seguridade, o serviço de saúde é talvez o mais abrangente, pois a Constituição determina a universalidade no atendimento. Dessa forma, todos os residentes no país têm direito a tratamento de saúde gratuito e de qualidade, independentemente do fato de contribuírem ou não para a seguridade. A responsabilidade pelo serviço de saúde é de todos os entes da federação.

A previdência social é o sistema de aposentadorias e pensões dos trabalhadores. A filiação a ele é obrigatória para todos aqueles que exerçam atividade remunerada e não estejam vinculados a regime dos servidores públicos. Assim, o trabalhador da iniciativa privada não pode escolher filiar-se ou não ao sistema de previdência oficial; a filiação é obrigatória. Para usufruir das aposentadorias e pensões da previdência, o trabalhador deve contribuir para o sistema, ou seja, deve pagar a contribuição descontada em folha e cumprir com os requisitos legais de tempo de serviço, idade etc. para poder se aposentar.

Já a assistência social é o serviço prestado aos mais pobres, com a concessão de benefícios para ajudar na subsistência da classe menos favorecida da população.

Depois da seguridade social, a Constituição traça diretrizes sobre educação, cultura, desporto, ciência e tecnologia e comunicação social. Trata-se, em boa parte, de regras meramente programáticas e indicativas para a elaboração de legislação posterior e para a atuação do Estado nesses setores.

A Constituição traz um capítulo específico sobre meio ambiente, assegurando que este seja ecologicamente equilibrado, preservando-o para as presentes e futuras gerações.

O capítulo é bastante avançado na proteção ao meio ambiente, pois não só assegura sua preservação presente como determina a garantia de que ele exista no futuro.

> *A Constituição assegura que o meio ambiente seja ecologicamente equilibrado para a presente e as futuras gerações.*

Assim, no Brasil, não mais é possível admitir atividade econômica que não seja ecologicamente sustentável, da mesma maneira que não é possível uma legislação que ofenda, de qualquer forma, o meio ambiente.

Importante

A Constituição também protege a família, a criança, o adolescente e o idoso. Como família, admite que se trata de qualquer dos pais com seus descendentes, adaptando-se à realidade atual de famílias compostas por pais separados ou solteiros.

Por fim, estão protegidos os índios, estabelecendo-se principalmente critérios para demarcação de áreas destinadas a essas populações.

Síntese

Este capítulo tratou de diversos assuntos trazidos pela Constituição de 1988 que, em alguns casos, não precisariam estar nela previstos. São aqueles assuntos formalmente constitucionais, que não são fundamentais para a existência do Estado e sua organização, mas que o constituinte decidiu incluir no texto constitucional para lhe conferir maior relevância.

De qualquer forma, o conhecimento de tais assuntos dá uma visão geral do sistema jurídico brasileiro, pois a partir das disposições constitucionais de 1988 é que foram editadas importantes legislações, como o Código de Defesa do Consumidor e o Estatuto da Criança e do Adolescente, que trouxeram significativos avanços nas áreas que regulamentam.

Consultando a legislação

Título V
Da Defesa do Estado e das Instituições Democráticas
Capítulo I
Do Estado de Defesa e do Estado de Sítio

Seção I
Do Estado de Defesa
Art. 136. O presidente da República pode, ouvidos o Conselho da República e o Conselho de Defesa Nacional, decretar estado de defesa para preservar ou prontamente restabelecer, em locais restritos e determinados, a ordem pública ou a paz social ameaçadas por grave e iminente instabilidade institucional ou atingidas por calamidades de grandes proporções na natureza.

§ 1º O decreto que instituir o estado de defesa determinará o tempo de sua duração, especificará as áreas a serem abrangidas e indicará, nos termos e limites da lei, as medidas coercitivas a vigorarem, dentre as seguintes:

I – restrições aos direitos de:
a) reunião, ainda que exercida no seio das associações;
b) sigilo de correspondência;
c) sigilo de comunicação telegráfica e telefônica;
[...]

Seção II
Do Estado de Sítio
Art. 137. O presidente da República pode, ouvidos o Conselho da República e o Conselho de Defesa Nacional, solicitar ao Congresso Nacional autorização para decretar o estado de sítio nos casos de:

I – comoção grave de repercussão nacional ou ocorrência de fatos que comprovem a ineficácia de medida tomada durante o estado de defesa;
II – declaração de estado de guerra ou resposta a agressão armada estrangeira. Parágrafo único. O presidente da República, ao solicitar autorização para decretar o estado de sítio ou sua prorrogação, relatará os motivos determinantes do pedido, devendo o Congresso Nacional decidir por maioria absoluta.
[...]

Art. 139. Na vigência do estado de sítio decretado com fundamento no art. 137, I, só poderão ser tomadas contra as pessoas as seguintes medidas:

I – obrigação de permanência em localidade determinada;
II – detenção em edifício não destinado a acusados ou condenados por crimes comuns;
III – restrições relativas à inviolabilidade da correspondência, ao sigilo das comunicações, à prestação de informações e à liberdade de imprensa, radiodifusão e televisão, na forma da lei;
IV – suspensão da liberdade de reunião;
V – busca e apreensão em domicílio;

VI – intervenção nas empresas de serviços públicos;

VII – requisição de bens.

Parágrafo único. Não se inclui nas restrições do inciso III a difusão de pronunciamentos de parlamentares efetuados em suas Casas Legislativas, desde que liberada pela respectiva Mesa.

[...]

Capítulo II

Das Forças Armadas

Art. 142. As Forças Armadas, constituídas pela Marinha, pelo Exército e pela Aeronáutica, são instituições nacionais permanentes e regulares, organizadas com base na hierarquia e na disciplina, sob a autoridade suprema do Presidente da República, e destinam-se à defesa da Pátria, à garantia dos poderes constitucionais e, por iniciativa de qualquer destes, da lei e da ordem.

[...]

Capítulo III

Da Segurança Pública

Art. 144. A segurança pública, dever do Estado, direito e responsabilidade de todos, é exercida para a preservação da ordem pública e da incolumidade das pessoas e do patrimônio, através dos seguintes órgãos:

I – polícia federal;

II – polícia rodoviária federal;

III – polícia ferroviária federal;

IV – polícias civis;

V – polícias militares e corpos de bombeiros militares.

[...]

Título VI

Da Tributação e do Orçamento

Capítulo I

Do Sistema Tributário Nacional

Seção I

Dos Princípios Gerais

Art. 145. A União, os Estados, o Distrito Federal e os Municípios poderão instituir os seguintes tributos:

I – impostos;

II – taxas, em razão do exercício do poder de polícia ou pela utilização, efetiva ou potencial, de serviços públicos específicos e divisíveis, prestados ao contribuinte ou postos a sua disposição;

III – contribuição de melhoria, decorrente de obras públicas.

§ 1º Sempre que possível, os impostos terão caráter pessoal e serão graduados segundo a capacidade econômica do contribuinte, facultado à administração tributária, especialmente para conferir efetividade a esses objetivos, identificar, respeitados os direitos individuais e nos termos da lei, o patrimônio, os rendimentos e as atividades econômicas do contribuinte.

[...]

Seção III
Dos Impostos da União

Art. 153. Compete à União instituir impostos sobre:

I – importação de produtos estrangeiros;

II – exportação, para o exterior, de produtos nacionais ou nacionalizados;

III – renda e proventos de qualquer natureza;

IV – produtos industrializados;

V – operações de crédito, câmbio e seguro, ou relativas a títulos ou valores mobiliários;

VI – propriedade territorial rural;

VII – grandes fortunas, nos termos de lei complementar.

[...]

Seção IV
Dos Impostos dos Estados e do Distrito Federal

Art. 155. Compete aos Estados e ao Distrito Federal instituir impostos sobre:

I – transmissão *causa mortis* e doação, de quaisquer bens ou direitos;

II – operações relativas à circulação de mercadorias e sobre prestações de serviços de transporte interestadual e intermunicipal e de comunicação, ainda que as operações e as prestações se iniciem no exterior;

III – propriedade de veículos automotores.

[...]

Seção V
Dos Impostos dos Municípios
Art. 156. Compete aos Municípios instituir impostos sobre:
I – propriedade predial e territorial urbana;
II – transmissão *inter vivos*, a qualquer título, por ato oneroso, de bens imóveis, por natureza ou acessão física, e de direitos reais sobre imóveis, exceto os de garantia, bem como cessão de direitos a sua aquisição;
III – serviços de qualquer natureza, não compreendidos no art. 155, II, definidos em lei complementar.
[...]

Capítulo II
Das Finanças Públicas
Seção II
Dos Orçamentos
Art. 165. Leis de iniciativa do Poder Executivo estabelecerão:
I – o plano plurianual;
II – as diretrizes orçamentárias;
III – os orçamentos anuais.

§ 1º A lei que instituir o plano plurianual estabelecerá, de forma regionalizada, as diretrizes, objetivos e metas da administração pública federal para as despesas de capital e outras delas decorrentes e para as relativas aos programas de duração continuada.

§ 2º A lei de diretrizes orçamentárias compreenderá as metas e prioridades da administração pública federal, incluindo as despesas de capital para o exercício financeiro subsequente, orientará a elaboração da lei orçamentária anual, disporá sobre as alterações na legislação tributária e estabelecerá a política de aplicação das agências financeiras oficiais de fomento.

§ 3º O Poder Executivo publicará, até trinta dias após o encerramento de cada bimestre, relatório resumido da execução orçamentária.

§ 4º Os planos e programas nacionais, regionais e setoriais previstos nesta Constituição serão elaborados em consonância com o plano plurianual e apreciados pelo Congresso Nacional.

§ 5º A lei orçamentária anual compreenderá:

I – o orçamento fiscal referente aos Poderes da União, seus fundos, órgãos e entidades da administração direta e indireta, inclusive fundações instituídas e mantidas pelo Poder Público;

II – o orçamento de investimento das empresas em que a União, direta ou indiretamente, detenha a maioria do capital social com direito a voto;

III – o orçamento da seguridade social, abrangendo todas as entidades e órgãos a ela vinculados, da administração direta ou indireta, bem como os fundos e fundações instituídos e mantidos pelo Poder Público.

§ 6º O projeto de lei orçamentária será acompanhado de demonstrativo regionalizado do efeito, sobre as receitas e despesas, decorrente de isenções, anistias, remissões, subsídios e benefícios de natureza financeira, tributária e creditícia.

§ 7º Os orçamentos previstos no § 5º, I e II, deste artigo, compatibilizados com o plano plurianual, terão entre suas funções a de reduzir desigualdades inter-regionais, segundo critério populacional.

§ 8º A lei orçamentária anual não conterá dispositivo estranho à previsão da receita e à fixação da despesa, não se incluindo na proibição a autorização para abertura de créditos suplementares e contratação de operações de crédito, ainda que por antecipação de receita, nos termos da lei.

§ 9º Cabe à lei complementar:

I – dispor sobre o exercício financeiro, a vigência, os prazos, a elaboração e a organização do plano plurianual, da lei de diretrizes orçamentárias e da lei orçamentária anual;

II – estabelecer normas de gestão financeira e patrimonial da administração direta e indireta bem como condições para a instituição e funcionamento de fundos.

Título VII
Da Ordem Econômica e Financeira

Capítulo I
Dos Princípios Gerais da Atividade Econômica

Art. 170. A ordem econômica, fundada na valorização do trabalho humano e na livre-iniciativa, tem por fim assegurar a todos existência digna, conforme os ditames da justiça social, observados os seguintes princípios:

I – soberania nacional;
II – propriedade privada;
III – função social da propriedade;

IV – livre concorrência;

V – defesa do consumidor;

VI – defesa do meio ambiente, inclusive mediante tratamento diferenciado conforme o impacto ambiental dos produtos e serviços e de seus processos de elaboração e prestação;

VII – redução das desigualdades regionais e sociais;

VIII – busca do pleno emprego;

IX – tratamento favorecido para as empresas de pequeno porte constituídas sob as leis brasileiras e que tenham sua sede e administração no país.

Parágrafo único. É assegurado a todos o livre exercício de qualquer atividade econômica, independentemente de autorização de órgãos públicos, salvo nos casos previstos em lei.

[...]

Título VIII
Da Ordem Social

Capítulo I
Disposição Geral

Art. 193. A ordem social tem como base o primado do trabalho, e como objetivo o bem-estar e a justiça sociais.

Capítulo II
Da Seguridade Social

Seção I
Disposições Gerais

Art. 194. A seguridade social compreende um conjunto integrado de ações de iniciativa dos Poderes Públicos e da sociedade, destinadas a assegurar os direitos relativos à saúde, à previdência e à assistência social.

Parágrafo único. Compete ao Poder Público, nos termos da lei, organizar a seguridade social, com base nos seguintes objetivos:

I – universalidade da cobertura e do atendimento;

II – uniformidade e equivalência dos benefícios e serviços às populações urbanas e rurais;

III – seletividade e distributividade na prestação dos benefícios e serviços;

IV – irredutibilidade do valor dos benefícios;

V – equidade na forma de participação no custeio;

VI – diversidade da base de financiamento;

VII – caráter democrático e descentralizado da administração, mediante gestão quadripartite, com participação dos trabalhadores, dos empregadores, dos aposentados e do Governo nos órgãos colegiados.

Art. 195. A seguridade social será financiada por toda a sociedade, de forma direta e indireta, nos termos da lei, mediante recursos provenientes dos orçamentos da União, dos Estados, do Distrito Federal e dos Municípios, e das seguintes contribuições sociais:

I – do empregador, da empresa e da entidade a ela equiparada na forma da lei, incidentes sobre:

a) a folha de salários e demais rendimentos do trabalho pagos ou creditados, a qualquer título, à pessoa física que lhe preste serviço, mesmo sem vínculo empregatício;

b) a receita ou o faturamento;

c) o lucro;

II – do trabalhador e dos demais segurados da previdência social, não incidindo contribuição sobre aposentadoria e pensão concedidas pelo regime geral de previdência social de que trata o art. 201;

III – sobre a receita de concursos de prognósticos.

IV – do importador de bens ou serviços do exterior, ou de quem a lei a ele equiparar.

[...]

Seção II

Da Saúde

Art. 196. A saúde é direito de todos e dever do Estado, garantido mediante políticas sociais e econômicas que visem à redução do risco de doença e de outros agravos e ao acesso universal e igualitário às ações e serviços para sua promoção, proteção e recuperação.

[...]

Seção III

Da Previdência Social

Art. 201. A previdência social será organizada sob a forma de regime geral, de caráter contributivo e de filiação obrigatória, observados critérios que preservem o equilíbrio financeiro e atuarial, e atenderá, nos termos da lei, a:

I – cobertura dos eventos de doença, invalidez, morte e idade avançada;

II – proteção à maternidade, especialmente à gestante;

III – proteção ao trabalhador em situação de desemprego involuntário;

IV – salário-família e auxílio-reclusão para os dependentes dos segurados de baixa renda;

V – pensão por morte do segurado, homem ou mulher, ao cônjuge ou companheiro e dependentes, observado o disposto no § 2º.

[...]

Seção IV
Da Assistência Social

Art. 203. A assistência social será prestada a quem dela necessitar, independentemente de contribuição à seguridade social, e tem por objetivos:

I – a proteção à família, à maternidade, à infância, à adolescência e à velhice;

II – o amparo às crianças e adolescentes carentes;

III – a promoção da integração ao mercado de trabalho;

IV – a habilitação e reabilitação das pessoas portadoras de deficiência e a promoção de sua integração à vida comunitária;

V – a garantia de um salário mínimo de benefício mensal à pessoa portadora de deficiência e ao idoso que comprovem não possuir meios de prover a própria manutenção ou de tê-la provida por sua família, conforme dispuser a lei.

[...]

Capítulo VI
Do Meio Ambiente

Art. 225. Todos têm direito ao meio ambiente ecologicamente equilibrado, bem de uso comum do povo e essencial à sadia qualidade de vida, impondo-se ao Poder Público e à coletividade o dever de defendê-lo e preservá-lo para as presentes e futuras gerações.

[...]

Capítulo VII
Da Família, da Criança, do Adolescente e do Idoso

Art. 226. A família, base da sociedade, tem especial proteção do Estado.

§ 1º O casamento é civil e gratuita a celebração.

§ 2º O casamento religioso tem efeito civil, nos termos da lei.

§ 3º Para efeito da proteção do Estado, é reconhecida a união estável entre o homem e a mulher como entidade familiar, devendo a lei facilitar sua conversão em casamento.

§ 4º Entende-se, também, como entidade familiar a comunidade formada por qualquer dos pais e seus descendentes.

§ 5º Os direitos e deveres referentes à sociedade conjugal são exercidos igualmente pelo homem e pela mulher.

§ 6º O casamento civil pode ser dissolvido pelo divórcio, após prévia separação judicial por mais de um ano nos casos expressos em lei, ou comprovada separação de fato por mais de dois anos.

§ 7º Fundado nos princípios da dignidade da pessoa humana e da paternidade responsável, o planejamento familiar é livre decisão do casal, competindo ao Estado propiciar recursos educacionais e científicos para o exercício desse direito, vedada qualquer forma coercitiva por parte de instituições oficiais ou privadas.

§ 8º O Estado assegurará a assistência à família na pessoa de cada um dos que a integram, criando mecanismos para coibir a violência no âmbito de suas relações.
[...]

Capítulo VIII
Dos Índios
Art. 231. São reconhecidos aos índios sua organização social, costumes, línguas, crenças e tradições, e os direitos originários sobre as terras que tradicionalmente ocupam, competindo à União demarcá-las, proteger e fazer respeitar todos os seus bens.

§ 1º São terras tradicionalmente ocupadas pelos índios as por eles habitadas em caráter permanente, as utilizadas para suas atividades produtivas, as imprescindíveis à preservação dos recursos ambientais necessários a seu bem-estar e as necessárias a sua reprodução física e cultural, segundo seus usos, costumes e tradições.

§ 2º As terras tradicionalmente ocupadas pelos índios destinam-se a sua posse permanente, cabendo-lhes o usufruto exclusivo das riquezas do solo, dos rios e dos lagos nelas existentes.
[...]

Questões para revisão

1) O que é a repartição das competências tributárias?

2) O que é a seguridade social?

3) O que são o estado de defesa e o estado de sítio?
    a) São períodos em que não é possível fazer novas licitações, já que são pré-eleitorais.
    b) São estados que ocorrem sempre que o país estiver em guerra declarada com outro Estado.
    c) São estados de exceção, quando se reduzem garantias e direitos constitucionais, a fim de se restaurar a ordem.
    d) São estados determinados pela polícia, quando é necessário restaurar a ordem pública.

4) Sobre tributação e orçamento, assinale a alternativa correta:
    a) A maior parte da receita pública no Brasil é obtida via tributo, instituindo-se impostos e outras modalidades tributárias.
    b) De acordo com a Constituição, o tributo deve ser cobrado exatamente no mesmo valor para todas as pessoas.
    c) Os valores para manutenção do Estado são arrecadados apenas pela União, que depois repassa parte aos estados e municípios.
    d) O orçamento serve apenas como sugestão, podendo o administrador aplicar os recursos da maneira que achar melhor.

5) Sobre a ordem econômica e financeira, é correto afirmar:
    a) A Constituição Federal aponta o Brasil como uma economia socialista, com mínimo espaço para a livre iniciativa.
    b) O Estado é o grande dirigente da economia, cabendo a ele a direção desse setor.
    c) As empresas estatais seguem regime de direito público, possuindo vantagens especiais sobre as empresas privadas.
    d) No Brasil, o Estado só participa diretamente da atividade econômica em casos de segurança nacional ou relevante interesse coletivo.

Questões para reflexão

1) É comum o debate sobre a conveniência ou não se de privatizar empresas públicas que prestam serviços que podem ser prestados por privados.
Reflita sobre essa questão, levantando os pontos positivos e negativos da exploração da atividade econômica pelo Estado.

2) A seguridade social abrange saúde, previdência social e assistência social. Esta última destina-se a amparar os mais necessitados, dando-lhes condições dignas de vida.
Reflita sobre a assistência social, analisando até que ponto se deve prestar assistência aos mais necessitados e de que forma pode o Estado atuar para que essas pessoas não mais precisem da assistência e possam se manter por seus próprios meios.

Fechamos este texto esperando que você tenha podido tirar o máximo dele para seu aprendizado.

Provavelmente, neste momento, após o estudo da obra, foi possível compreender a dimensão do direito constitucional, a forma como ele atinge todos os demais ramos do direito e, em última análise, a forma como a Constituição influencia na vida do país.

Também compreendemos os inúmeros desafios que ainda enfrentamos. O texto constitucional de 1988 é bastante generoso e avançado na questão dos direitos sociais, ambientais, trabalhistas e outras questões que anteriormente eram deixadas em segundo plano. Todavia, apenas a previsão de tais direitos no texto legal não os faz existentes ou efetivos. Atingir o grau de desenvolvimento previsto pela Constituição exige muito trabalho da Administração Pública, dos governantes e da sociedade. Quando falamos em direitos e deveres da Constituição, devemos sempre lembrar que não somos apenas titulares de direitos, mas também responsáveis por nossos deveres. Sem a observância dos deveres de cada um não existem direitos, sendo a vida em sociedade uma via de mão dupla: cada um tem direitos, ao mesmo tempo que tem deveres.

O conhecimento da Constituição e da legislação nos dá a dimensão dos direitos e deveres de cada um, permitindo o conhecimento

para concluir...

daquilo que desejamos conservar e dos objetivos que desejamos alcançar.

Esperamos que o estudo deste livro não se preste apenas à obtenção de conhecimento para a realização de uma prova ou aprovação em uma disciplina. Esperamos também que você possa se tornar um cidadão mais consciente dos regulamentos de nosso país, assim como de nossos valores e objetivos.

Fechamos o texto recomendando sempre novos estudos e o constante aprimoramento dos conhecimentos, entendendo que este livro é apenas o ponto inicial do conhecimento do direito constitucional que você vai adquirir.

BONAVIDES, Paulo. *Curso de direito constitucional*. 22. ed. São Paulo: Malheiros, 2008.

BRASIL. Constituição (1988). *Diário Oficial* [da] *República Federativa do Brasil*, Brasília, DF, 5 out. 1988. Disponível em: <http://www.planalto.gov.br/ccivil_03/Constituicao/Constituiçao.htm>. Acesso em: 23 jul. 2008.

_____. Emenda Constitucional n. 32, de 11 de setembro de 2001. *Diário Oficial [da] República Federativa do Brasil*, Brasília, DF, 12 set. 2001. Disponível em: <http://www.planalto.gov.br/ccivil_03/Constituicao/Emendas/Emc/emc32.htm>. Acesso em: 23 jul. 2008.

HACK, Érico. *Noções preliminares de direito administrativo e direito tributário*. 2. ed. Curitiba: Ibpex, 2008.

IBGE – Instituto Brasileiro de Geografia e Estatística. *Contagem da População 2007*: população recenseada e estimada, segundo as grandes regiões e as unidades da Federação. 2007. Disponível em: <http://www.ibge.gov.be/home/estatistica/populacao/contagem2007/contagem_final/tabela1_1.pdf>

MORAES, Alexandre de. *Direito constitucional*. 23. ed. São Paulo: Atlas, 2008.

SILVA, José Afonso da. *Curso de direito constitucional positivo*. 30. ed. São Paulo: Malheiros, 2008.

Direito constitucional - Parte geral

Questões para revisão

1) É o conjunto de normas que regulamentam um Estado, sua forma e funcionamento. Também dá fundamento para o ordenamento jurídico, sendo a norma de maior hierarquia, dando validade para as demais normas jurídicas.

2) As normas materialmente constitucionais são aquelas que tratam de matérias próprias de uma Constituição, como, organização do Estado, processo legislativo e direitos fundamentais. Já as normas formalmente constitucionais são aquelas que normalmente não seriam classificadas como constitucionais, mas que assim o são porque se encontram encartadas em determinado texto constitucional.

3) c

4) a

5) d

Questão para reflexão

1) A discussão aqui gira em torno da efetividade da Constituição, ou seja, só escrever nela direitos e garantias não torna estes automáticos. Assim, deve-se discutir se a nossa Constituição é efetivamente cumprida em sua integralidade, ou é apenas uma utopia impossível de ser realizada. Também cabe o debate sobre as condições do Estado para que a Constituição tenha efetividade.

Constituição da República Federativa do Brasil de 1988

Capítulo 1
Questões para revisão

1) Pela ampla participação popular na sua elaboração e votação, além da previsão de direitos e garantias fundamentais.

2) A Constituição atual permitiu amplo acesso ao Judiciário, permitindo que qualquer pessoa que se julgue prejudicada em seus direitos possa recorrer a esse poder. Também o período democrático atual favorece a contestação dos atos do Poder Público, o que não era possível durante o regime de exceção.

3) b

4) d

Questões para reflexão

1) A discussão gira em torno da necessidade de se alterar tanto a Constituição, verificando os prós e contras dessa alteração. Também é interessante refletir sobre as características que deve ter uma Constituição para que tantas alterações não sejam necessárias.

Capítulo 2
Questões para revisão

1) Estado democrático de direito é um Estado em que as decisões são tomadas pela maioria, após a oportunidade de todos se manifestarem. Essas decisões traduzem-se em leis, que são de observância obrigatória por todos, inclusive aqueles que discordaram da maioria na tomada da decisão. O Estado democrático de direito é aquele em que as decisões são tomadas de maneira democrática e que há um ordenamento jurídico elaborado de tal maneira que deve ser por todos observado.

2) De acordo com a Constituição, o titular do poder é o povo brasileiro. Esse poder é exercido principalmente por meio de representantes democraticamente eleitos, mas em alguns casos pode ser exercido diretamente.

3) d

4) b

5) c

Questões para reflexão

1) A discussão é a respeito das ações do Estado brasileiro a fim de buscar

os objetivos da Constituição. Deve-se ponderar quais ações podem ser enquadradas como determinantes para esse objetivo, da mesma maneira que se deve refletir acerca de atitudes do Estado que contribuam negativamente para esses objetivos.

2) Aqui se deve discutir até que ponto um poder pode exercer funções dos outros, já que isso só deveria ocorrer em situações excepcionais.

Também se deve analisar se há uma crise no Poder Legislativo, que permite ao Executivo tomar para si tarefas não desempenhadas suficientemente pelo Legislativo.

3) Aqui se deve analisar a conveniência da realização de consultas populares, inquirindo-se quais as razões que fazem com que elas não ocorram com mais frequência. Também se deve analisar se tais consultas são mesmo necessárias, já que há a possibilidade de os representantes do povo eleitos serem suficientes para traduzir a sua vontade na elaboração das leis.

Capítulo 3
Questões para revisão
1) A legalidade é a regra que determina que alguém só pode ser obrigado a fazer ou deixar de fazer algo se houver uma lei que assim determine. Assim, não pode o Estado criar obrigações sem que a lei determine. Serve como limite à atuação do Estado, já que impede o abuso de poder e atuações fora do que determina a lei.

2) O brasileiro nato é aquele que já nasce com a cidadania brasileira, que a lei determina que é brasileiro pelo preenchimento de determinadas condições. O brasileiro naturalizado é aquele que possuía outra nacionalidade e que solicita sua naturalização posterior. Ou seja, ele se torna brasileiro, não nasce com a nacionalidade como o nato.

3) c

4) a

5) d

Questões para reflexão
1) A discussão gira em torno dos prós e contras da obrigatoriedade do voto. Diversas questões podem ser levantadas, como a baixa participação nas eleições caso o voto fosse facultativo. Também se pode discutir se o voto, no Brasil, por ser obrigatório, é um direito ou um dever do cidadão.

2) Aqui se discute a questão polêmica da pena de morte, seus prós e contras. Deve-se analisar se a sua adoção em mais casos seria mesmo um remédio eficiente contra a criminalidade. Também se deve ponderar sobre a possibilidade de erro judicial, com a morte de inocentes por falhas nos processos em que foram julgados.

3) Discute-se a igualdade da aplicação da lei, ponderando-se se efetivamente a lei é para todos ou se ainda temos muita desigualdade.

Capítulo 4
Questões para revisão
1) Nenhum deles. O Distrito Federal possui algumas características de estado e algumas de município, todavia não pode ser classificado nem como um nem como outro. É um ente da federação com regulamentação própria, diferente dos estados e dos municípios.

2) A Administração Pública refere-se ao Poder Executivo e seus órgãos, sendo o conjunto de serviços por ele prestados.

3) b

4) a

5) c

Questões para reflexão
1) A discussão gira em torno da federação brasileira, devendo-se analisar se o comportamento dos entes da federação como antagonistas ao invés de colaboradores é conveniente ou não.

2) A discussão aqui gira em torno do fortalecimento ou não dos estados e municípios, dando-lhes mais força na federação, ou na concentração de poderes nas mãos da União, tornando o Estado brasileiro praticamente unitário, com todas as questões relevantes sendo decididas pelo órgão central da federação.

Capítulo 5
Questões para revisão
1) O poder Legislativo, além da sua função principal de legislar, também é responsável pela fiscalização orçamentária, financeira e contábil da Administração direta e indireta. Essa fiscalização visa analisar a regularidade dos atos e gastos da Administração, de maneira a coibir e corrigir abusos e desvios.

2) Está incorreta. No Brasil, vigora a unidade de jurisdição, de maneira que todo e qualquer ato da

Administração pode ser contestado perante o Judiciário. A decisão de manter a multa é definitiva na esfera administrativa, mas é passível de contestação via ação judicial. Só a decisão judicial é que se torna definitiva, não podendo ser contestada.

3) d

4) a

5) c

Questões para reflexão
1) A discussão gira em torno do conceito de direito e garantia fundamental. Deve-se discutir se é possível sacrificar um direito pelo clamor popular, ou apenas será o mesmo flexibilizado.

2) Aqui se deve discutir a utilidade e efetividade dos tribunais de contas, verificando se eles realmente funcionam como deveriam.

Capítulo 6
Questões para revisão
1) Trata-se da repartição que a Constituição entre os entes da federação dos possíveis fatos sobre os quais podem incidir os tributos. Assim a Constituição divide entre os entes os fatos econômicos que podem gerar o pagamento de tributo, de maneira que cada ente da federação tem uma competência determinada para instituir e cobrar tributos.

2) Seguridade social é o termo que designa a saúde, a previdência social e a assistência social.

3) c

4) a

5) d

Questões para reflexão
1) Aqui deve-se discutir as vantagens e desvantagens da existência de empresas estatais explorando atividades privadas. Deve-se analisar casos de privatizações ocorridas no passado recente no Brasil, como a venda do sistema Telebrás e da Vale do Rio Doce.

2) Aqui discute-se a questão dos limites da assistência social prestada pelo Estado. A ausência de assistência faz com que muitas pessoas tenham uma existência indigna. Por outro lado, o excesso de assistência pode gerar uma dependência que faz com que a assistência sempre sustente aqueles que passam a dela depender.

Érico Hack é doutor em Direito pela Pontifícia Universidade Católica do Paraná (PUCPR), tendo obtido os graus de mestre e bacharel em Direito pela mesma instituição. Publicou sua dissertação de mestrado com o título *Contribuição de intervenção no domínio econômico: destinação do produto arrecadado e finalidade como requisitos de validade* (2008), além das obras *Parcelamento do crédito tributário* (2008) e *Noções Preliminares de direito administrativo e direito tributário* (3ª edição, 2010). Possui também diversos artigos publicados em periódicos especializados. No campo profissional, é advogado em Curitiba, Paraná, sócio da Hack Advocacia, com atuação em direito público, especialmente nos ramos tributário e administrativo.

Impressão: BSSCARD
Fevereiro/2013